Herder Taschenbuch 1528

Über das Buch

ZEN – Kraft aus der Stille. Unter Anleitung eines erfahrenen Meisters führt der Zen-Weg zur Erkenntnis des wahren Selbst. Ein solcher Zen-Meister ist der 1898 in Deutschland geborene Jesuitenpater H. M. Enomiya-Lassalle, der seit fast 50 Jahren die Zen-Meditation praktiziert und seit mehr als 20 Jahren in Japan und Europa Zen-Kurse leitet. In der Nähe von Tokyo unterhält Pater Enomiya-Lassalle sein eigenes Zen-Zentrum „Shinmeikutsu" („die Höhle des göttlichen Dunkels"). Er verbringt heute mehr als zwei Drittel seiner Zeit in Europa, wo er seit vielen Jahren in Klöstern und Meditationshäusern seine 5–7tägigen „Zensesshins" abhält. Enomiya-Lassalle hat als beispielloser Wegbereiter die östliche und westlich-christliche Mystik zu intergrieren versucht. Als Jesuitenpater, Zen-Meister, Religionsphilosoph und Missionar ist er unermüdlich zwischen Asien und Europa tätig, um den Menschen in das neue Bewußtsein zu führen. Der Zen-Weg führt letztlich zur Erleuchtung, die für jeden Zen-Meditierenden zu erlangen ist. Das „Denken des Nicht-Denkens" ist dafür eine wesentliche Voraussetzung.

Über den Autor

Hugo Lassalle, geboren 1898 in Externbrock/Westfalen; nach einem Philosophie- und Theologiestudium in Holland und England seit 1927 Priester SJ. 1929 Lehrer für deutsche Sprache an der Sophia-Universität des Jesuitenordens und Sozialarbeiter in den Slums von Tokyo. 1935–49 Superior der Jesuiten-Mission in Japan. 1940–59 Vicarius Delegatus des Apostolischen Vikariates in Hiroshima. Beim Abwurf der Atombombe 1945 verwundet und seitdem strahlengeschädigt. 1948 unter dem Namen Makibi Enomiya japanischer Staats- und Ehrenbürger von Hiroshima. 1950–78 Professor für Religionswissenschaft an der Musikhochschule „Elisabeth" in Hiroshima. Dort maßgebliche Initiative für den Bau der Weltfriedenskirche; Einweihung 6. August 1954. Teilnahme 1962 am 2. Vatikanischen Konzil. 1968 erste Zen-Kurse in Deutschland, seitdem regelmäßig in Europa. 1973 Ehrendoktor der Kath. Theol. Fakultät der Johannes-Gutenberg-Universität Mainz. Offiziell anerkannter Zen-Meister in Kamakura, Tokyo.

Hugo M. Enomiya-Lassalle

Kraft aus dem Schweigen

Einübung in die Zen-Meditation

Herder Taschenbuch Verlag

Lizenzausgabe des im Benziger Verlag, Zürich,
erschienenen Buches „Zen-Meditation“

Herder Freiburg · Basel · Wien
Herstellung: Freiburger Graphische Betriebe 1988
ISBN 3-451-08528-3

Inhalt

Vorwort

Zen-Meditation – das ist Schweigen. Man erlernt sie, indem man mitschweigt, unter Anleitung des Meisters oder seines Helfers. Wenn es keine Meister gibt, wie etwa in Europa, muß der Meister als Gast kommen. Da er in der Zeit seines Besuches nur eine begrenzte Zahl von Meditanten einführen kann, wird es nötig, daß er über das Schweigen auch in Publikationen Aussagen macht.

Über das Schweigen reden – geht denn das? Ins Schweigen sollte eingeübt werden. Aber man kann es mindestens bezeugen, es darstellen, es begründen und gegen Angriffe absichern, und man kann die Bereitschaft wecken, sich einführen zu lassen. Solche Zielsetzungen charakterisieren die folgenden Kapitel aus der Feder von P. Lassalle.

Im November 1973 wurde Hugo Lassalle, dem aus Deutschland stammenden japanischen Jesuiten-Missionar, der dort den Namen Makibi Enomiya führt, der Ehrendoktor des Katholisch-Theologischen Fachbereichs der Universität Mainz verliehen. An den vorhergehenden Tagen hatten wir mit ihm ein Symposion über die „Zen-Meditation in Europa"; die Gesprächsbeiträge wurden auf Tonband festgehalten. Ruth Seubert hat daraus hier das letzte Kapitel verfaßt, das heißt, sie hat ausgewählt, zusammengestellt, geordnet und akzentuiert.

Der Missionar Lassalle begegnete in Japan dem Zen-Buddhismus und sah, wie entscheidend der Geist Japans durch Zen geprägt ist. Bald bemerkte er, daß das Studium des Zen nicht genügt, daß man Zen praktizieren muß, um es kennenzulernen. Während des Krieges nahm der Missionar des Jesuitenordens zum erstenmal in einem Zen-Kloster an den einwöchigen Exerzitien teil. Das heißt, er saß zehn Stunden täglich am Boden und übte das Schweigen, er ging zum Meister und ließ sich unterweisen. Nach dem Krieg hat er jährlich, manchmal sogar mehrmals jährlich an solchen Zen-Übungen, ses-shin genannt, teilgenommen. In dieser Zeit reifte die entscheidende Erkenntnis oder besser die entscheidende Erfahrung, daß das Schweigen des Zen nicht ein Abfall vom christlichen Glauben ist, eine Abkehr vom personalen Wort und eine Hinwendung zum apersonalen Schweigen, sondern, daß man als Christ, der man zu üben beginnt, diese Übung gerade auch als Vertiefung und Intensivierung des eigenen christlichen Glaubens und Betens erfährt.

So wurde der Missionar zum Zen-Meister. Seit 1961, als er in der Nähe von Hiroshima ein erstes kleines Zen-Haus für japanische Christen erbaute, lehrt er die Meditation, die aus nichts anderem besteht als aus Sitzen, Atmen und Gedankenstille: Denken des Nichtdenkens, wie ein japanischer Meister gesagt hat. 1968 begann er den Bau eines christlichen Zen-Zentrums in einem abgelegenen Gebirgstal im Großraum von Tokyo. Ein buddhistischer Zen-Meister gab Lassalles Zentrum den Namen: Akikawa-Shinmeikutsu – Höhle des göttlichen Dunkels.

1968 begann Pater Lassalle, von verschiedenen Seiten darum gebeten, auch in Deutschland Zen-Exerzitien zu halten. Nur in den Jahren 1972 und 1974 hat er diese inzwischen zwei Jahrzehnte andauernde Tradition unterbrochen. Seine Zen-Exerzitien bietet er vor allem im Meditationshaus St. Franziskus in Dietfurt an der Altmühl an. Mit Pater Willigis Jäger aus dem Benediktiner-Orden (Würzburg) und Pater Johannes Kopp, aus dem Pallottiner-Orden (Essen) halten zwei weitere, als Zen-Lehrer anerkannte katholische Ordensleute solche Exerzitien. Wer durch dieses Buch dazu angeregt wird, möge die Praxis erlernen.

Günter Stachel

I.
Religiöse und geschichtliche Hintergründe des Zen

Das Zen ist seit einigen Jahrzehnten auch im Westen, wenigstens dem Namen nach, weithin bekannt. Es gibt auch viele Menschen in westlichen Ländern, d. h. Europa und Amerika, die die Zen-Meditation, japanisch Zazen genannt, üben, obwohl sie den Buddhismus, von dem das Zen stammt, nicht als ihre Religion betrachten. Ob es für Nicht-Buddhisten überhaupt möglich und sinnvoll ist, diese Art der Meditation richtig zu üben, wird in einem späteren Kapitel zur Sprache kommen.

Zunächst sollen die Hintergründe dieser Art von Meditation aufgezeigt werden. Dabei sind drei Bereiche zu nennen:

1. die buddhistische Philosophie oder der Buddhismus schlechthin,
2. das indische Yoga,
3. die geschichtliche Entstehung des Zen in China.

Wir legen dabei das Hauptgewicht auf den Buddhismus.

Über Yoga und die Geschichte des Zen in China werden wir uns kurz fassen müssen.

I. Der Buddhismus

Buddhismus ist ein sehr weites Gebiet. Um es einigermaßen zu beherrschen, ist jahrelanges Studium erforderlich. Wir greifen einiges heraus von dem, was für das Verständnis des Zen wichtig ist.

Viele Menschen betrachten das Zen als eine Therapie

oder weiter ausholend als einen Weg zum Übermenschentum. Gewiß kann das Zen auch auf den Körper gute Wirkungen ausüben und manche Krankheiten heilen. Auch kann es positiv Kräfte wecken, die den Menschen in seinem Beruf ertüchtigen. Aber ursprünglich hat das Zen einen religiösen Zweck, nämlich die Erlösung des Menschen, wie man sie im Buddhismus versteht. Daß diese verschieden ist von der christlichen Auffassung, ergibt sich schon aus folgenden Tatsachen: Im buddhistischen System gibt es keinen Platz für Gott oder Schöpfung, daher auch nicht für Übernatur und Gnade im christlichen Sinne oder für Sünde und Erlösung, wie wir sie verstehen.

Wir müssen hier gleich eine Bemerkung machen, die für jeden Vergleich zwischen Buddhismus und Christentum wichtig ist, nämlich, daß dieselben Worte oder Termini bei beiden oft einen verschiedenen Sinn haben. Man gebraucht im Buddhismus in neuerer Zeit bisweilen Ausdrücke, die vom Christentum übernommen, dem Buddhismus ursprünglich fremd sind und deswegen einen anderen Sinn haben, z. B. „übernatürlich“ oder „Gnade“.

Für unser Thema ist besonders die Lehre von der *Wiedergeburt* wichtig. Das ist eine Grundlehre im Buddhismus, nach manchen Autoren die allerwichtigste. Bekanntlich gibt es neuerdings in Europa viele Menschen, die an eine Wiedergeburt glauben, ohne Buddhisten zu sein. In der Bundesrepublik sind es angeblich 10 Prozent. Übrigens ist diese Lehre nicht von Buddha zuerst verkündet worden. Er hat sie vom Hinduismus übernommen. Gotama Shakyamuni war Inder und im Hinduismus erzogen. Nachdem er das Elternhaus verlassen hatte, übte er zunächst die strenge indische Askese, d. h. den Yoga. Er kam aber – so wird erzählt – auf diesem Wege nicht zur Erleuchtung. Erst als er einen milderen Weg beschritten hatte, erlangte er die große Erleuchtung. Er hat daher auch für seine Schüler die extremen Strengheiten der Yogins nicht übernommen, sondern den sogenannten „mittleren Weg“ gelehrt.

Was ist nun mit der Wiedergeburt gemeint? – Sie bedeutet nicht, daß ein und dieselbe Seele sich im Tode vom Leibe trennt und in einem anderen Leibe wiedergeboren wird. Diese Auffassung lebt zwar im buddhistischen Volk, aber die buddhistischen Gelehrten lehnen sie entschieden ab. Eine individuelle unsterbliche Seele gibt es nach buddhistischer Lehre nicht. Man fragt sich: Wie kann man da von Wiedergeburt reden? Was wird denn da wiedergeboren? – Ich hatte vor drei Jahren ein Gespräch über diese Frage mit einem der gegenwärtigen bedeutendsten buddhistischen Mönche, Buddhadasa Bhikkhu, in Thailand. Als ich ihn fragte, wie man sich das vorzustellen habe, sagte er sofort: Die Ausländer stellen sich das zu materiell vor, es muß geistig verstanden werden.

Was soll das konkret heißen?

Es gibt ein unerbittliches Gesetz der Kausalität, das Gesetz des Karma. Karma bedeutet „Tat". Das Kausalitätsgesetz besagt also: Jede gute Tat hat gute Wirkungen. Jede böse Tat hat schlechte Wirkungen. Wenn z. B. ein Mensch einem anderen Unrecht tut, so wird ihm daraus irgend einmal ein Schaden erwachsen. Man kann das nicht „Strafe" nennen, die von einem gerechten Richter, Gott, verhängt wird; denn diesen gibt es nicht im Buddhismus, ebenso wenig wie es einen barmherzigen Gott gibt, der Verzeihung gewähren kann. Nun kommt es aber auch vor, daß gute Menschen viel Leid und Unrecht trifft. Wie geht das mit dem Karmagesetz zusammen? Die Erklärung lautet: Das ist die Wirkung böser Taten der Vorfahren oder sogenannter früherer Existenzen, wo man sich etwas hat zuschulden kommen lassen. Das Gesetz ist unerbittlich. Niemand kann seinem Schicksal entgehen. – Um Falschschlüssen vorzubeugen, möchte ich anmerken, daß der Buddhismus die Freiheit des Willens nicht leugnet.

„Die Formel dieser Theorie lautet:
Aus der Existenz von diesem entsteht jenes.
Aus dem Geschehen von diesem entsteht jenes.
Aus der Nicht-Existenz von diesem entsteht jenes nicht.
Aus dem Nicht-Geschehen von diesem geschieht jenes nicht.“[1]

Man kann also nicht von einer Unsterblichkeit der Seele sprechen, eher noch von der Unsterblichkeit des Lebens, d. h., aus jedem Leben entsteht ein neues Leben. Das soll natürlich nicht heißen, daß jeder Mensch in seinem Leben ein anderes oder mehrere Leben hervorbringt, was ja auch de facto numerisch nicht der Fall ist. Es soll heißen: Aus jedem Leben, das erlischt, entsteht ein neues Leben. Es besteht eine ununterbrochene Kette von Leben–Tod und Tod–Leben.

Die Lehre von der Wiedergeburt wird im sogenannten Lebensrad dargestellt oder zusammengefaßt. Diese Darstellung gibt uns tiefere Einblicke in die Theorie. Wir wollen sie kurz darlegen. Denken wir uns drei konzentrische Kreise. Der innere und der mittlere Kreis sind in zwei Sektoren eingeteilt, der äußere in acht. Das sind zusammen zwölf, die in zeitlicher Folge die zwölf Stadien des Lebens und Todes darstellen. Es sind folgende:

1. Blindheit, d. h. Unbewußtheit,
2. Wille zum Leben, nicht im Sinne eines freien Wollens, sondern eines blinden Verlangens.

Diese beiden Stadien haben ihre Ursache in der Vergangenheit.

3. Stadium des Unterbewußtseins, das erste Stadium einer individuellen Existenz, das dem ersten Augenblick der Empfängnis im Mutterleib entspricht.
4. Form des Namens, d. h. Form des Geistes. Es ist das Stadium, in dem der Geist erstmals mit dem Körper

[1] Takakusu, Essentials of Buddhist Philosophy, Honolulu [3]1956.

zusammenkommt, das Stadium des Wachsens vor der Geburt. Es wird „Form des Namens“ genannt, weil man nicht weiß, was der Geist ist, und man daher keinen Namen für ihn hat.

5. Kenntnisnahme von den sechs Sinnen, d. h. den fünf äußeren Sinnen und dem inneren Sinn (Tagesbewußtsein).
6. Berührung mit der Außenwelt durch die voll entwikkelten Sinne, dem 1. und 2. Lebensjahr entsprechend.
7. Stadium der Wahrnehmung, d. h. bewußte Wahrnehmung der Außenwelt, entsprechend dem 3.–5. Lebensjahr.

Die fünf Stadien 3–7 (Unterbewußtsein, Form des Namens, sechs Sinne, Berührung, bewußte Wahrnehmung) sind Wirkungen der Vergangenheit auf die Gegenwart. Der Mensch ist noch nicht verantwortlich.

8. Verlangen als Folge der Wahrnehmung.
9. Festhalten an dem, was man erlangt hat.
10. Bildung des Seins oder der Persönlichkeit, die das letzte Stadium der Anhänglichkeit ist.

Die letzten drei Stadien (Verlangen, Festhalten, Bildung der Persönlichkeit) umfassen die verantwortliche Tätigkeit des Erwachsenen, die sich auf die Zukunft oder die nächste Existenz auswirkt.

11. Geburt (wird bisweilen auch an der dritten Stelle genannt).
12. Tod. Oder umgekehrt: Tod–Geburt. Meistens werden sie in der Reihe Geburt–Tod angegeben. Sie umfassen das Ganze, das sich ununterbrochen wiederholt.

Aus diesem Kausalgesetz heraus zu kommen, ist die Erlösung. Das kommt im folgenden Gedicht zum Ausdruck:

„Dies sprach der Erhabene, daher heißt es mit Bezug hierauf folgendermaßen:

„Die Gier, durch die entflammt,
Der Haß, durch den ergrimmt,
Der Wahn, durch den betört,
Der Zorn, durch den erbost,
Die Heuchelei, durch die verderbt,
Der Dünkel, durch den berauscht
Die Wesen auf den schlimmen Weg gelangen,
Dieses geben in vollkommener Erkenntnis
Die Einsichtsvollen auf.
Nach dem Aufgeben kehren sie nie wieder
In die Welt zurück.‘

Auch dieses ist vom Erhabenen gesagt worden, so habe ich es gehört.“[2]

Dazu auch eine Zen-Dichtung:

„Ach, den Wolken gleich treiben wir durch Geburten und Tode!
Der Pfad des Unwissens und der Pfad der Erleuchtung – wir wandeln sie träumend.
In meinem Gedächtnis haftet nur eins, auch nach dem Erwachen:
Des Regens Rauschen, dem sonst des Nachts in der Hütte ich lauschte.“[3]

Wenn man bedenkt, daß sich der Buddhist die Zeit als Kreis vorstellt, versteht man, daß er trotz der Kausalität nicht nach einer ersten Ursache fragt. Für eine erste Ursache ist kein Bedarf in seinem System. Andererseits leugnet er Gott auch nicht ausdrücklich, wenigstens der Zen-Buddhist nicht. Aber er spricht nicht von Gott. Damit ist freilich die Frage „Gott“ im Buddhismus noch nicht abgetan. Wir kommen noch darauf zurück in Verbindung mit der Erleuchtung.

---

[2] Aus: Gustav Mensching, Buddhistische Geisteswelt, Baden-Baden 1955.
[3] Ebd.

Nun müssen wir nochmals auf die Kausalität zurückkommen. Wenn es nur eine Kausalität ohne Substrat gibt, so ist die letzte Wirklichkeit nicht das Sein, sondern das So-Sein. Paradox ausgedrückt: Die letzte Wirklichkeit ist ohne Wirklichkeit. Negativ ausgedrückt ist das So-Sein die Leere. Die Leere ist Grundidee der buddhistischen Philosophie, aber nicht im Sinne eines absoluten negativen Nichts, sondern im Sinne eines Freiseins von jeder Bedingung. Die Leere ist positiv ausgedrückt das Absolute, zu dem alles zurückgeführt werden muß.

Es gibt also kein Ich im gewöhnlichen Sinne. Um dieses Ich kreisen jedoch alle Begierden, die Ursache des Leidens sind. Darum muß die Illusion des Ich vor allem überwunden werden.

Damit kommen wir nun zu den *vier erhabenen Wahrheiten,* die der Buddha erkannt und gelehrt hat. Es sind:

1. Geburt ist leidvoll. Alter ist leidvoll (Krankheit ist leidvoll), Tod ist leidvoll. Kummer, Jammer, Schmerz, Gram und Verzweiflung sind leidvoll, nicht erlangen, was man begehrt, ist leidvoll. Kurz gesagt, die fünf Gruppen des Anhaftens (Körperlichkeit, Sinneswahrnehmung, Gedanken, Begierden, Bewußtsein) sind leidvoll.
2. Das Leiden hat Ursachen (nämlich das Verlangen).
3. Die Ursachen des Leidens können ausgelöscht werden.
4. Es gibt einen Weg, das Leiden auszulöschen.

Dieser Weg ist der *achtfache Weg,* den der Buddha gelehrt hat:

Rechtes Verstehen, rechtes Denken, rechtes Reden, rechtes Handeln, rechtes Leben, rechtes Aufmerken, rechtes Konzentrieren (Meditation). Dieser Weg hat große Ähnlichkeit mit dem des Yoga[4]. Beide enthalten offenbar das Naturgesetz. Hinzu kommt die Meditation und andere Eigentümlichkeiten besonders beim Yoga.

---

[4] Vgl. H. Enomiya-Lassalle, Zen und christliche Mystik, Freiburg/Br. 1986, 200f.

Es geht, wie gesagt, im Buddhismus darum, aus dem Kausalnexus des Rades der Wiedergeburt herauszukommen. Das geschieht auf verschiedenen Wegen, je nach Schulen oder Sekten, die dabei den achtfachen Weg des Buddha jedoch nicht ablehnen. Sie sind Weiterentwicklungen der Lehre Buddhas.

In Japan unterscheidet man zwei Richtungen, je nachdem der Hauptakzent auf der eigenen Anstrengung oder auf der Hilfe durch „fremde" Kraft liegt. Die beiden Richtungen sind also nicht vollkommen exklusiv, wie man aus der gebräuchlichen Terminologie „Selbsterlösung und Fremderlösung" annehmen könnte.

Das Zen gehört der ersten Gruppe an und vertritt einen „meditativen Intuitionismus", d. h. weder das dialektische Denken (Philosophie) noch den Glauben an die Lehre Buddhas (anders im Yoga, wo es zwei Wege gibt: Meditation oder Philosophie, um zur erlösenden Erkenntnis zu kommen). Vorübergehend mag man sich mit dem Glauben behelfen, aber auf die Dauer genügt er nicht. Die Wahrheit muß intuitiv und erfahrungsgemäß erfaßt werden. Der Weg zu dieser Intuition ist die Zen-Meditation oder das Zazen, durch das die Erleuchtung (satori oder kensho) erlangt wird. Die Erleuchtung ist der Durchbruch zum absoluten Sein. Darüber wird später ausführlich zu reden sein.

Der Buddhismus macht einen Unterschied zwischen der *differenzierten Welt* und der *nicht-differenzierten Welt* oder Welt der Gleichheit. Die differenzierte Welt ist die Welt, wie wir sie mit den Sinnen wahrnehmen und mit dem Verstand tiefer ergründen. Die Erkenntnis durch die Sinne und den Verstand vermittelt uns noch nicht die letzte Wirklichkeit. Die differenzierte Welt und das differenzierte Wissen ist, überspitzt gesagt, eine Illusion, was im erhöhten Maße vom empirischen Ich gilt. Sie ist wie ein Schleier, der die letzte Wirklichkeit, die indifferenziert ist, verhüllt.

Durch die Unterscheidung zwischen differenzierter

und nicht-differenzierter Welt vermeidet der Buddhismus den Konflikt zwischen Wissen und Glauben. Es sind zwei Gebiete, die auf verschiedenen Ebenen liegen. So ist er z. B. in bezug auf die Schöpfung bereit, irgendeine Theorie anzunehmen, die die Wissenschaft vorbringt. Man geht sogar noch weiter und sagt, daß Buddha schon von der Einheit allen Seins gewußt hätte, die heute von führenden Atomphysikern als etwas Neues vertreten wird. Man beruft sich dabei auf Buddhas eigene Worte. Aber lassen wir das dahingestellt. Eine Erörterung würde zu weit führen und kaum eine befriedigende Lösung bringen. Gewiß hat Buddha nicht mehr von der modernen Wissenschaft gewußt als Mose, die Propheten oder die zwölf Apostel. Wir sind im Westen einen anderen Weg gegangen. Die Wissenschaft hat sich von der Religion abgesetzt. Im 16. Jahrhundert wurde die Trennung eindeutig vollzogen. Die Wissenschaft hat sich auf diesem Wege unabhängig weiter entwickelt, hat Theorien aufgestellt und Entdeckungen gemacht, die zum Teil mit der damaligen Lehre des Christentums bzw. der Offenbarung im Widerspruch standen oder unvereinbar zu sein schienen. So wurde ein fortwährender Streit ausgefochten, der anscheinend für alle Zeiten weiter gehen mußte. Es ist unserer Zeit vorbehalten geblieben, daß einerseits die Religionen erkannten, daß sie auch auf die Stimme der Wissenschaft hören müsse, und andererseits größte Wissenschaftler einen Weg fanden, der von der Wissenschaft her zu Gott und Religion führt.

Der Osten hat die moderne Wissenschaft nicht eigenständig entwickelt, sondern vom Westen übernommen, und daher war der Konflikt der dortigen Hochreligionen z. B. des Buddhismus mit der Wissenschaft in der Vergangenheit nicht möglich. Dieser Umstand muß zu der obigen Unterscheidung von differenzierter und nicht-differenzierter Welt als Erklärung hinzugenommen werden.

Heute ist die Lage auch im Osten de facto anders. Er hat nämlich mit der modernen Wissenschaft vom Westen auch die von diesem gegen die Religion vorgebrachten Schwierigkeiten übernommen. Diese betreffen ja zum großen Teil nicht so sehr das Christentum als die Religion als solche. Darum obliegt den Religionen im Osten genauso wie bei uns im Westen die Aufgabe, die Ergebnisse der Wissenschaft, soweit sie einen Bezug zur Religion haben, zu integrieren. Diese Integrierung ist ein sehr schwieriger Prozeß, wie wir heute am eigenen Leibe erfahren. Aber er muß durchgeführt werden. Die Lösung dieses Problems ist für den Buddhismus nicht leichter als für das Christentum. Darum steht er gegenwärtig genauso in der Krise wie das Christentum.

Ich möchte an dieser Stelle nicht auf die Lösung eingehen, werde aber weiter unten nochmals darauf zurückkommen. Außerdem wird diese Problematik an anderer Stelle da und dort gestreift werden.

Ich möchte nur noch einen Hinweis geben zu der Beziehung zwischen differenzierter und nicht-differenzierter Welt im Bild des Buddhismus: Durch die sichtbare (differenzierte) Welt wird das (nicht-differenzierte) Absolute transparent. Das Absolute wird auf diese Weise sozusagen greifbar in jedem, auch dem kleinsten Teil dieser sichtbaren Welt, sei es auch nur ein Tautropfen.

Besondere Bedeutung hat das für die Lebewesen. Wer diese Wirklichkeit erfaßt, wird sich scheuen, auch nur das geringste Leben auszulöschen, eine Haltung, die vom Buddhismus bekannt ist, freilich auch mit der Lehre von der Wiedergeburt zusammenhängt. Ferner kommt diese Auffassung in der Zen-Kunst zur Geltung, und das oft in verblüffender Einfachheit, z. B. ein Grashalm mit einem Pinselstrich hingeworfen auf ein weißes Blatt Papier. Durch diesen einen Pinselstrich wird die Leere, das Absolute sichtbar, das an sich unvorstellbar ist.

2. Zen und Yoga

Wie bereits gesagt, ist das Zen wie der Buddhismus überhaupt in engster Verbindung mit dem Hinduismus und speziell dem Yoga entstanden. Das gilt besonders für die Meditation des Zen, das Zazen. Um diese Verbindung etwas deutlicher zu machen, wollen wir uns den Weg des Yoga etwas näher ansehen. Auch er hat *acht Stufen*, nämlich:

1. Die fünf Bezähmungen (yama): Nicht töten, nicht lügen, nicht stehlen, sexuelle Enthaltsamkeit, nicht habsüchtig sein. Das erinnert uns an das rechte Denken, rechte Reden und rechte Handeln im achtfachen Weg des Buddha. Was die sexuelle Enthaltsamkeit betrifft, so wird sie im achtfachen Weg nicht eigens aufgezählt. Sie war für die ersten Jünger Buddhas selbstverständlich, da die von Buddha gelehrte Lebensweise zunächst für Mönche gedacht war, und nicht für die große Masse. Die buddhistischen Mönche in Ceylon, Birma und Thailand sind auch heute noch zum Zölibat verpflichtet. In Japan war das bis vor etwa 100 Jahren für die Zen-Mönche auch noch so. Heute sind sie zum größten Teil verheiratet.
2. Die zweite Stufe sind die fünf Disziplinen (niyama), nämlich: Sauberkeit, d. h. die Reinhaltung der inneren Organe, Heiterkeit, d. h. Abwesenheit des Verlangens, auf Bedürfnisse der Existenz zu achten, Askese, die darin besteht, daß man das erträgt, was dem eigenen Verlangen zuwider ist, Studium der Yogi-Metaphysik, Bemühen, Gott zum Motiv all seiner Handlungen zu machen.

   Die Reinigung der inneren Organe ist für die buddhistischen Mönche nicht vorgeschrieben. Ebenso fehlt in dieser Form das Bemühen, Gott zum Motiv all seiner Handlungen zu machen. Nach dem Buddhismus sollen Handlungen in Harmonie mit dem Kosmos geschehen. Das Studium ist im buddhistischen Weg nicht erwähnt, wohl deswegen, weil man im Buddhismus die Philosophie nicht wie im Yoga neben der Meditation auch als einen möglichen Weg zur Erleuchtung anerkennt.

3. Die Körperhaltungen und -stellungen (âsana). Dieselben betreffen den Hatha Yoga und sind vom Zen nicht übernommen.
4. Die Rhythmisierung des Atmens (prânâyâma). Das Zen betont zwar auch das richtige Atmen, schreibt aber keine schwierigen Atemübungen vor, wie das im Yoga der Fall ist.
5. Die Emanzipation der Empfindungstätigkeit von der Herrschaft der äußeren Objekte (pratyâhâra). Das ist auch im Buddhismus gefordert. Aber die Form ist nicht so radikal.
6. Konzentration (dhâranâ).
7. Die yogische Meditation (dhyâna).
8. samâdhi.

Die drei letzten sind auch im Zen vorgeschrieben. Der Weg des Zen ist in dieser Hinsicht lückenlos konsequent, wie wir noch sehen werden.

Trotz der engen Verbindung mit dem Yoga ist doch der Weg des Buddha und noch mehr das Zen ein neuer Weg, auch was die Methode angeht. Größer und tiefgreifender als die Unterschiede in den Methoden sind die grundlegenden Philosophien der beiden Systeme. Um nur zwei Beispiele zu nennen: Yoga und Zen gehen in der Behandlung von so grundlegenden Fragen des religiösen Bereiches wie Gott und Selbst weit auseinander. Diese Tatsache hat auch einen Einfluß auf die Frage, wieweit die eine oder andere Methode für Christen vollziehbar ist, ohne mit der eigenen Weltanschauung in Konflikt zu kommen. Was Zen anbetrifft, werden wir sehen, daß dieser Konflikt nicht zu befürchten ist oder wenigstens vermieden werden kann. Dasselbe gilt für Yoga, soweit Hatha Yoga in Frage kommt. Ob dasselbe gilt, wenn ein Christ den ganzen Yoga bis zu Ende geht, kann hier nicht untersucht werden. Dies erfordert außer der Zeit eine Fachkenntnis, die ein eigenes Studium und womöglich entsprechende Praxis voraussetzt.

3. Die geschichtliche Entwicklung des Zen in China

Als Gründer des Zen gilt der Mahayana-Mönch Bodhidharma, der um 520 n. Chr. von Japan nach Indien kam. Er brachte die damals im Mahayana (großes Fahrzeug)-Buddhismus übliche Meditationsmethode mit. Es gab schon immer auch andere, ältere buddhistische Meditationsmethoden (Satipatthana Vipassana), die im Hinayana (kleines Fahrzeug)-Buddhismus zu Hause sind. Sie werden heute in Ceylon, Birma und Thailand viel geübt. Sie sind auch im Westen bekannt, aber weniger verbreitet als das Zen.

Es versteht sich, daß die von Bodhidharma eingeführte Meditation auch vom Yoga wesentlich beeinflußt ist, da sie sich aus dem Yoga entwickelt hat. In China kamen mit der Zeit neue Elemente hinzu, besonders vom Taoismus, aber auch von anderen Systemen. So kann man sagen, daß das Zen eine Synthese oder Kombination von drei Elementen darstellt:

1. das samâdhi und die Philosophie des indischen Yoga,
2. die chinesische Philosophie von Chang-tzu, Laotse und Konfuzius (jap. Sôshi, Rôshi, Kôshi), des näheren die Naturphilosophie von Chang-tzu und Laotse und der Himmelslehre (im Sinne einer höheren Gewalt) von Konfuzius,
3. die Meditationsweise von Bodhidharma, der die Mahayana-Meditation von Indien einführte.

Wie weit die Zen-Meditation in ihrem wesentlichen Bestand auf Buddha selbst zurückgeht, ist eine Streitfrage zwischen den Vertretern des Mahayana- und Hinayana-Buddhismus. Die Vertreter des Zen in Japan vertreten die Ansicht, daß ihre Methode im wesentlichen auf Buddha selbst zurückgeht. Die Vertreter des Hinayana bestreiten das und halten überhaupt nicht viel vom Zen. In einem Gespräch mit Rev. Kheminda in Colombo, einem der bedeutendsten buddhistischen Gelehrten in Ceylon, kamen wir auf diesen Punkt zu sprechen. Der Mönch sagte dann: „Glücklicherweise haben wir die Sutras, in denen die Meditationsmethode, die Buddha selbst gelehrt hat, schriftlich niedergelegt ist." Als ich darauf hinwies, daß sich auch die Vertreter des Zen auf die Sutren beriefen, antwortete er, das stimme wohl, aber deren Sutren seien jüngeren Datums. – Andererseits ist es eine Tatsache, daß man erst 250 Jahre nach dem Tode Buddhas begonnen hat, irgend etwas von seiner Lehre niederzuschreiben. Die Periode des Buddhismus, die noch vor der Entstehung des Hinayana liegt, hat man daher neuerdings mit der des Urbuddhismus bezeichnet. Nach dem, was die Fachgelehrten dieser Periode feststellen konnten, spricht nun viel dafür, daß die Zen-Methode doch der des Buddha selbst am nächsten steht. Sicher ist, daß das Zen als Ganzes – es ist ja nicht nur Meditation – auch von der chinesischen Philosophie und Religion beeinflußt ist und erst in China geworden ist, was es heute noch in China, Korea und Japan ist. Damit soll natürlich nicht in Abrede gestellt werden, daß es in diesen Ländern auch je eine eigene Färbung hat, was wohl am meisten von Japan gilt.

Aus der Geschichte der tausendjährigen Entwicklung des Zen in China sollen nur zwei Ereignisse erwähnt werden, die von besonderer Wichtigkeit scheinen. Das erste betrifft die Plötzlichkeit der Erleuchtung, die zuerst von Tao-cheng (etwa 360–434) schon vor dem Kommen Bodhidharmas gelehrt wurde. Im Yoga wie auch im indischen Buddhismus vollzieht sich die Erleuchtung allmählich wie das langsame Hellwerden von frühester Morgendämmerung bis zum Sonnenaufgang. Der Weg des Zen dagegen ist ein Weg in die Dunkelheit, die immer dichter wird, bis schließlich aus der totalen Finsternis das Licht wie ein Blitz hervorbricht. Man hat sich lange um diese

Frage gestritten, bis schließlich die Auffassung von der allmählichen Erleuchtung verstummte. Es ist also typisch für das Zen, daß die Erleuchtung plötzlich ist, d. h. aus tiefster Finsternis aufbricht. Trotzdem gibt es im japanischen Zen auch eine Auffassung, die nicht mit der von der plötzlichen Erleuchtung übereinstimmt und das Zazen selbst mit der Erleuchtung identifiziert. Davon soll später die Rede sein, wenn wir das Phänomen der Erleuchtung ausführlich behandeln.

Das zweite Ereignis, das hier erwähnt werden sollte, ist der große Wendepunkt, der durch den 6. Patriarchen, d. h. den 5. Nachfolger von Bodhidharma, Eno (Hui Neng) mit Namen, herbeigeführt wurde. Zum besseren Verständnis muß man wissen, daß es seit den Zeiten Buddhas Sitte ist, daß der jeweilige Nachfolger von seinem Vorgänger selbst bestimmt wird; und zwar geschieht das nach dem Maße der Erleuchtung. Es soll derjenige seiner Schüler sein, der seinen Geist am besten in sich aufgenommen hat. Es kommt alles darauf an, daß die echte Erleuchtung der Nachwelt unverfälscht überliefert wird. Nun also zum zweiten Ereignis: Als der 5. Patriarch Huang-mei (jap. Obai) sich nach einem Nachfolger umschaute, lebten in seinem Kloster 700 bis 1000 Mönche. (In Tibet gab es bis zur Besetzung durch die Chinesen noch Klöster mit 5000 Mönchen!) Es schien allen selbstverständlich, daß nur der Mönch, der in der Zen-Halle den ersten Sitz innehatte, Myo mit Namen, dafür in Frage kommen konnte. Dieser selbst hatte, wie es scheint, auch damit gerechnet. Um die Entscheidung herbeizuführen, schrieb er heimlich das folgende Gedicht an die Wand auf einem Klostergang, durch den der Meister zu kommen pflegte:

Dieser Leib ist Bodhi-Baum
Die Seele ist wie ein klarer Spiegel
Achte darauf, ihn stets sauber zu halten
Und laß keinen Staub sich auf ihm sammeln.

Alle, die vorbeikamen und es lasen, bewunderten die Weisheit, die aus diesen Worten sprach. Auch der Meister las es und machte die Bemerkung: „Nun, wenn alle so tun, habe ich keine Sorgen mehr.“ Er war aber doch nicht ganz zufrieden und ging schweigend fort. Aber da war noch ein junger Mann im selben Kloster, der in der Küche den Reis stampfte für die große Gemeinde. Er konnte weder lesen noch schreiben und war noch nicht Mönch. Als ihm einer der Mönche vorgelesen hatte, was an der Wand geschrieben stand, bat er diesen, ein Gedicht daneben zu schreiben, das er ihm diktieren würde. Das geschah. Das Gedicht lautete:

Es gibt weder einen Bodhi-Baum
Noch einen Ständer mit klarem Spiegel
Da alles leer ist
Worauf kann sich da der Staub absetzen?

Der junge Mann hieß Eno (Hui Neng). Als der Meister sein Gedicht gelesen hatte, ließ er ihn zu sich kommen und überreichte ihm seine Stola und Almosenschale als Zeichen der Nachfolge. Dann aber gab er ihm den Befehl, sofort das Kloster zu verlassen, soweit als möglich ins Gebirge zu fliehen und sich dort so lange verborgen zu halten, bis sich der Sturm, der sich nach Verkündigung dieser Wahl im Kloster erheben würde, gelegt hätte. Eno tat, wie ihm der Meister gesagt hatte, und verschwand.

Der weitere Verlauf ist in einem tiefsinnigen Koan festgehalten. Eno wurde und blieb der 6. Patriarch des Zen.

Was hat das nun alles zu bedeuten?

Das erste Gedicht war gegenständlich, logisch, dualistisch und soweit gut. Aber es war kein Zeichen einer großen Erleuchtung. Die Erleuchtung ist nämlich übergegenständlich und intuitiv. Sie läßt sich überhaupt nicht in Worten ausdrücken. Darum wurde sie auch von Eno (Hui Neng) negativ ausgedrückt. In der echten Erleuchtung werden alle Gegensätze in einer höheren Einheit überwunden.

II.
Vollzug der Zen-Meditation (Zazen)

Zen heißt soviel wie Meditation. Es kommt vom indischen Wort dhyana (Sanskrit). Es ist die Versenkung oder Meditation des Yoga. Dhyana wurde von den Chinesen Ch'an ausgesprochen und mit einem Schriftzeichen geschrieben, das man in Japan Zen ausspricht. Mit der Zeit bekam es einen weiteren Sinn und bedeutet alles, was mit dieser Art der Meditation irgendwie zusammenhängt. Es gibt z. B. eine bestimmte Art von Kunst, die man Zen-Kunst nennt. Weiterhin gibt es eine Lebenseinstellung, die sich von dieser Meditation her entwickelt hat. Dazu gehört auch die bekannte Teezeremonie, japanisch Chado: Teeweg genannt. Ebenso ist es mit der Kunst des Bogenschießens, Kyudo, d. h. Bogenweg, genannt. Das gleiche gilt vom Fechten, Judo, Karate, Pinselschreiben und Blumenstecken. All das sind nicht nur Sport oder Künste, sondern Wege, Lebenswege. Sie atmen sozusagen den Geist des Zen, d. h., sie enthalten die innere Lebenseinstellung, die dem Zen eigen ist. Sie sind in weiterem Sinne religiös und betreffen nicht nur einen Teil des Menschen, sondern den Menschen als Ganzes, seine ganze Person. Diesen Eindruck bekommt man auch heute noch von den Meistern dieser Künste, wenn sie dieselbe nicht als einen Beruf betreiben, sondern ganz dahinter und darin stehen. Sie gleichen den eigentlichen Zen-Meistern. Auch das Verhältnis von Meister und Schüler ist dasselbe. Alle diese Zen-Wege sind heute mehr oder weniger auch im Westen bekannt und werden auch dort von vielen Menschen bereits geübt. Alle haben ihre eigenen Regeln, spezielle Bedeutung und Wirkungen. In Japan sind die Vertreter der einzelnen Gruppen auch sozial, vielleicht besser kulturell organisiert und halten zu bestimmten Zeiten auch größere Veranstaltungen ab.

Auf die einzelnen einzugehen, würde zu weit führen. Der gründlichste und wirksamste dieser Wege ist und bleibt das Zazen oder die Zen-Meditation, mit dem wir uns hier beschäftigen wollen. Zazen heißt Sitzmeditation, was schon andeutet, daß das Sitzen dabei eine wichtige Rolle spielt.

Wir wollen uns zunächst klarmachen, worin die Zen-Meditation besteht, wie sie vollzogen wird und was sonst noch dazugehört. Danach werden wir von ihren Wirkungen sprechen.

Zum Vollzug der Zen-Meditation (des Zazen) gehören drei Dinge: die Körperhaltung, die Atmung und die innere Haltung.

1. Körperhaltung

Man sitzt auf einem etwa 5 cm dicken, runden Kissen, das unmittelbar auf dem Fußboden oder einer Decke liegt. Dabei wird der rechte Fuß auf den linken Oberschenkel und der linke Fuß auf den rechten Oberschenkel gelegt.

Der Oberkörper soll einschließlich des Kopfes kerzengerade aufgerichtet, aber vollkommen entspannt sein. Die Arme hängen gelöst herunter. Die Hände liegen mit dem Handrücken nach unten gekehrt flach aufeinander, wobei sich die Daumen leicht berühren.

Die Augen sind halbgeöffnet auf einen etwa 1 m entfernten Punkt am Boden gerichtet.

Dieser Sitz wird *Lotussitz* genannt. Legt man nur den einen Fuß auf den gegenüberliegenden Oberschenkel, während der andere Fuß am Boden ruhen bleibt, nennt man diese Haltung *halber Lotussitz.*

Lotussitz

Halber Lotussitz

Der Lotussitz ist fast unverändert vom Yoga übernommen. Dort wird jedoch kein Kissen als Unterlage benutzt. Man sitzt flach am Boden, was übrigens auch im Zen bisweilen geschieht. Das im Zen gebräuchliche Kissen erleichtert den Lotussitz.

2. Atmung

Die Atmung geschieht grundsätzlich durch die Nase und sollte Tiefatmung oder Zwerchfellatmung sein. Brustatmung ist für das Zen weniger günstig. Das Atmen selbst soll tief und ruhig sein. Zwischen Einatmen und Ausatmen soll keine längere Pause gemacht werden, d. h., der Atem wird nicht angehalten.

Die oben beschriebene Haltung und Atmung fördert den Blutkreislauf und beruhigt die Nerven. Nachdem so der Körper einmal zur Ruhe gekommen ist, ist es leichter, auch seelisch in einen Zustand der Ruhe zu kommen, wie es für die Meditation notwendig ist.

3. Innere Haltung

Die innere Haltung ist das Wichtigste und der unmittelbare Zweck der Körperhaltung und Atmung. Sie ist schwieriger zu beschreiben als Körperhaltung und Atmung. Meister Dogen (1200–1252), der Gründer der japanischen Soto-Schule (Sekte), sagt: „Denke das Nichtdenken!" Das besagt: Es ist ein Nichtdenken, das aber nicht gleichbedeutend mit einem Zustand des Dösens ist. Eine andere gegenwärtig in Japan gebräuchliche Ausdrucksweise ist: „Ohne Begriffe und ohne Gedanken" (munenmuso). Soweit man überhaupt Zazen als Meditation bezeichnen kann, könnte man es eine Meditation ohne Gegenstand oder Thema nennen. Im christlichen Bereich sind wir gewohnt, uns wenigstens anfänglich auf einen Gegenstand, z. B. eine Glaubenswahrheit oder eine Schriftstelle, zu konzentrieren, wenn wir eine Betrachtung oder Meditation anstellen.

Das ist anders im Zen. Es wird nicht über etwas nachgedacht, auch nicht über die buddhistische Lehre. Der chinesische Altmeister Rinzai († ca. 868) sagt: „Räume jedes Hindernis aus dem Wege ... Wenn dir der Buddha auf dem Wege begegnet, so töte den Buddha! Wenn du deine Ahnen triffst, töte die Ahnen! Wenn du Vater und Mutter triffst, töte Vater und Mutter! Wenn du Buddhas Jünger triffst, töte Buddhas Jünger! Wenn du deine Verwandten triffst, töte die Verwandten! Nur so wirst du die Erlösung erlangen, nur so den Netzen entfliehen und freiwerden." Mit andern Worten: Wenn dir während des Zazen der Gedanke an Buddha kommt, so weise diesen Gedanken ab usw. Daß der Zustand des Nichtdenkens beim Zazen nicht ein Zustand ist, bei dem keinerlei geistige Tätigkeit stattfindet, konnte neuerdings auch durch die Beobachtung der Gehirnwellen und Hautreflexe während dieser Zeit bestätigt werden. Wenigstens bei Menschen, die im Zen fortgeschritten sind, z. B. den Zen-Mönchen, treten bald Alphawellen und später auch

Thetawellen auf[1]. Bei ähnlichen Versuchen mit Yoga-Übenden wurden andere Ergebnisse erzielt. Es traten keine Alphawellen auf.

Anders gesagt, es kommt bei der inneren Haltung während des Zazen darauf an, daß jede Ich-gelenkte Tätigkeit eingestellt wird. Das Ich muß passiv, d. h. rezeptiv werden, es muß sich öffnen, obwohl man sich nach außen abschließt. Es ist nicht die Einstellung des Redens, sondern des Hörens, freilich nicht in dem Sinne, daß man etwas hören möchte; denn das wäre doch wieder eine Ich-gelenkte Tätigkeit, wenn auch in der Form eines Wunsches. Wenn trotzdem spontan Gedanken auftauchen, so schadet das dem Zen nicht, solange man nicht darauf eingeht. Wieder anders ausgedrückt: Man muß in tiefere Bewußtseinsschichten eindringen. Das aber kann man nun aber doch wieder nicht erzwingen, sondern muß es geschehen lassen.

Welches sind nun die Mittel, um diese innere Haltung zu verwirklichen?

Um das zu erreichen, gibt es drei verschiedene Verhaltensweisen beim Zazen:

1. Man konzentriert sich auf das Atmen.
2. Man beschäftigt sich mit einem (sogenannten) Koan.
3. Man sitzt einfach, ohne irgendwelche Hilfsmittel zu gebrauchen.

3.1 Das Sich-auf-den-Atem-Konzentrieren kann auf verschiedene Weise geschehen

Man beginnt gewöhnlich damit, den Atem zu zählen, und zwar von eins bis zehn und dann wieder von eins anfangend. Man zählt dabei das Einatmen auf die ungeraden Zahlen und das Ausatmen auf die geraden. Das Atmen selbst geschieht ruhig und tief, jedoch ohne sich dabei Gewalt anzutun. Eine andere Art, sich auf den Atem zu kon-

---

[1] Vgl. H. Enomiya-Lassalle, Zen und christliche Mystik, Freiburg/Br. 1986, 246 ff.

zentrieren, besteht darin, daß man auf den Atem achtet, ohne ihn zu zählen. Diese Konzentration auf den Atem hilft einerseits, das Auftauchen von Gedanken einzuschränken. Andererseits hindert es das Eindringen in tiefere Bewußtseinsschichten nicht, weil es eine ganz einfache Tätigkeit ist. Bisweilen zählt man nur das Einatmen oder nur das Ausatmen. Jenes hilft, die Zerstreuungen zu vermindern, dieses, die Schläfrigkeit zu überwinden (vorausgesetzt, daß sie nicht allzu stark ist).

Die Methode, sich auf den Atem zu konzentrieren, ist nicht vom Zen erfunden, sondern geht auf die vorbuddhistische Zeit zurück. Buddha hat sie übernommen. Sie ist ursprünglich auch nicht nur eine Hilfe, sondern hatte einen tieferen Sinn. Atem ist Leben. Langes Fasten kann der Mensch halten, ohne zu sterben. Aber wenn er wenige Minuten ohne Atem ist, stirbt er. Auch haben die Alten wohl auch das Gefühl gehabt, daß der Atem dem Geistigen nahesteht. Daher heißt es wohl auch im biblischen Schöpfungsbericht, daß Gott dem Menschen den Odem des Lebens ins Angesicht hauchte, nachdem er den Leib aus Erde geformt hatte (Gen 2, 7). Die Seele (d. h., was den Mensch zum Menschen macht) ist gewissermaßen ein Anteil am Geist Gottes (buddh.: Buddhanatur). Über diesen tieferen Sinn des Atems darf natürlich während des Zazen nicht nachgedacht werden. Aber der tiefere Sinn dieser Übung kann einem das Zählen des Atems sympathisch machen. Jedenfalls ist es anzuraten, diese Methode anfangs zu benutzen. Früher oder später sollte man dazu übergehen, dem Atem im Geiste zu folgen. Dabei denke man beim Einatmen nur an das Einatmen und beim Ausatmen nur an das Ausatmen.

3.2 Man konzentriert sich auf ein Koan

Koan ist ein chinesisches Wort und heißt nach dem Sinn der dafür verwandten Schriftzeichen soviel wie „Öffentliche Bekanntmachung“. (In der chinesischen Schrift hat jedes Schriftzeichen einen eigenen Sinn. Es war ursprünglich ein Bild dessen, was es bedeutet. Oder aber die Zeichen werden nur als Laut verwandt. Das geschieht z. B., wenn man ein Fremdwort mit chinesischen Zeichen schreibt, etwa die Stadt eines fremden Landes, Wien oder Paris). Wie gesagt, das Wort Koan heißt den Schriftzeichen nach soviel wie öffentliche Bekanntmachung. In Wirklichkeit hat es aber einen ganz anderen Sinn. Über die Entstehung dieses Wortes gibt es verschiedene Theorien. Eine davon, die uns besonders aufschlußreich zu sein scheint, ist folgende: Das ursprüngliche Wort stammt aus den Veden und heißt soviel wie: „Wer bin ich?" (ko ayan oder ko aham). Nach der Lehre der indischen Weisen soll man sich immer wieder fragen: Wer bin ich? Mit andern Worten: Was ist im tiefsten Wesen der Mensch? Was bleibt, wenn alles Unwesentliche fortfällt? Oder wenn alle Etiketten abfallen? Im Zen stellt man die Frage so: Was warst du, bevor Vater und Mutter geboren wurden? Dieser Satz ist im Zen einer der vielen Koan, die der Schüler lösen muß. Es gibt keine Antwort darauf. Eine Erklärung würde nämlich bedeuten, daß dieses Ich auf etwas anderes zurückgeführt würde, und sagte nicht aus, was es ursprünglich ist. Darüber soll man so oft und so lange nachsinnen, bis die Antwort aufleuchtet. Ganz im Sinne der indischen Weisen hat Ramana Maharshi (1879–1950) – wir kommen noch auf diesen modernen indischen Heiligen zurück – seine Schüler nur immer wieder ermahnt sich zu fragen: Wer bin ich? Wenn ich traurig bin oder froh oder was sonst; wer ist dieses Ich? Diese Frage war sozusagen das erste Koan, ein unlösbares Problem, auf das man sich solange konzentriert, bis sich der innere Widerspruch in einer höheren Einheit auflöst. Im Zen hat man nun im Laufe der Zeit begonnen, andere solche Probleme, die unlösbar sind, den Schülern aufzugeben, und nach dem indischen „ko aham" mit Koan benannt. Die Veränderung des ursprünglichen Wortes (Satzes) erklärt sich aus der chinesischen Aussprache und Verwendung der lautmäßig zur Verfügung stehenden Schriftzeichen.

Im Chinesischen spricht man es übrigens „Kung-an". Das war dann im Japanischen Koan. (Diese Erklärung der Entstehung des Wortes Koan wurde mir von einem indischen Mönch, Shri H. W. L. Poonjaji, der Schüler des oben erwähnten Ramana Maharshi war, gegeben, als ich ihn im Herbst 1971 in Köln traf.)

Es gibt im Zen 1700 solcher Koan. Zu einem großen Teil sind es Gespräche zwischen Meister und Schüler, Mondo (Frage und Antwort) genannt. Das Gespräch selbst ist dabei meistens sehr kurz, aber es wird dazu eine auch meist kurze und oft kaum weniger enigmatische Erklärung gegeben.

Dazu einige Beispiele:

- Den Meister Chaochou (778–897) fragte einst ein Mönch, ob auch in einem Hündlein die Buddhanatur sei oder nicht. Chaochou sprach: „Wu." (Nichts.)
- Einst bat ein Mönch den Chaochou: „Meister, ich bin noch ein Neuling; zeige mir den Weg!" Chaochou sprach: „Hast du schon dein Frühstück beendet?" Der Mönch sprach: „Ich habe mein Frühstück beendet." Chaochou sprach: „Geh' und wisch die Eßschalen!" Da kam der Mönch zur Einsicht.
- Den Chaochou fragte einst ein Mönch: „Was bedeutet des ersten Patriarchen Kommen zum Westen?" Chaochou sprach: „Der Eichbaum vor dem Garten."
- Ein japanischer Meister, Hakuin (1685–1768), klatschte in die Hände, hob die eine Hand und sagte: „Höre den Ton der einen Hand!"

Viele sind mit Hilfe eines Koan zur Erleuchtung gekommen. Den Vorgang vom Koan zur Erleuchtung kann man sich in folgender Weise vorstellen: Der Schüler sucht zunächst eine logische Lösung zu finden. Nach einiger Zeit wird es ihm klar, daß es auf diesem Wege keine Lösung gibt. Nun gibt er das logische (diskursive) Denken auf. Aber inzwischen hat er sich so in das Problem hineingearbeitet, daß er es nicht mehr los wird. Dazu kommt, daß er immer wieder vom Meister gerufen und zu einer Antwort gedrängt wird. Er ist in einem Zustand wie einer, der eine glühende Kugel verschluckt hat und sie ausspeien möchte, aber nicht kann. Das ist der Zustand des „großen Zweifels“ (im koreanischen Zen besonders betont). Wo er geht und steht, verfolgt ihn das Problem. Er hat es beständig im Sinn. Bisweilen ist er Tag und Nacht mit seinem Koan beschäftigt. Eines Tages oder Nachts hat er plötzlich das Gefühl, daß er selbst das Problem geworden ist. Er ist das Nichts, er ist die eine Hand, und das eigene Ich ist spurlos verschwunden. Wenn er nun unermüdlich weiterübt, verschwindet das Koan plötzlich aus seinem Bewußtsein. Damit ist die vollkommene Leere des Bewußtseins hergestellt, die die Voraussetzung für die Erleuchtung ist. Es bedarf dann meistens nur einer anscheinend unbedeutenden sinnlichen Wahrnehmung, z. B. ein Schlag der Tempelglocke oder auch nur das kaum hörbare Fallen eines Blattes von einem in der Nähe stehenden Baum, und der Geist öffnet sich. Das große Erlebnis ist da. Was die Erleuchtung ist, davon soll später die Rede sein. Hier sollte nur angedeutet werden, wie man durch ein Koan zur Erleuchtung kommt.

Trotz dieser Erfahrung mit dem Koan, ist dasselbe doch nur ein Mittel und nicht das Wesen des Zen. Die Benutzung des Koan ist denn auch nach Zen-Schulen oder -Sekten und nach einzelnen Meistern verschieden. Von den beiden großen Sekten *Soto* und *Rinzai* benutzt jene das Koan grundsätzlich nicht, während Rinzai sehr ausgiebig davon Gebrauch macht. Wer dort Zen-Meister werden will, muß alle Koan lösen, was natürlich viele Jahre in Anspruch nimmt. Auf diese Weise wird die Erleuchtung immer mehr vertieft.

3.3 Das „Nur-Sitzen" (shikantaza), die dritte Verhaltensweise

Sie wird Nur-Sitzen genannt, weil man sitzt und atmet, wie es vorgeschrieben ist, aber keinerlei Mittel, weder Konzentration auf den Atem noch ein Koan benutzt. Wenn Gedanken kommen, geht man ihnen weder nach, noch treibt man sie fort. Ein neuerer Meister, Sogaku Harada, hat das einmal in folgender Weise ausgedrückt:

„Es ist etwa wie der am Ostmeer majestätisch emporragende Fuji-Berg. Doch ist dieser Vergleich noch zu schwach. Eigentlich sollte man sagen: Das Zazen ist ein Gefühl, so massiv, als ob das Sitzkissen zum Erdball geworden sei und das Weltall den Unterleib ausfülle. Anstatt dessen zu dösen, hieße Kuhmist kneten. Es wäre ein gänzlich totes Zen und überhaupt kein Zazen mehr. Wenn man es lieber anders ausdrücken will, kann man auch sagen: ‚Unbeweglich stehen die grünen Berge. – Die weißen Wolken kommen und gehen', oder mit den Worten Tesshu Yamaokas: ‚Ob der Himmel klar ist oder bewölkt, in jedem Fall ist es recht. Der Berg ist immer derselbe, und seine ursprüngliche Gestalt ändert sich nicht.' Das ist der Zen-Gesang, der Gesang der Wahrheit, wirklich unser Gesang. Im Zen-Merkbuch (Zazengi) ist das ausgedrückt durch das Wort ‚Hishiryo', d.h.: Denke das Nichtdenken! Das ist der Schlüssel zum Zazen, das ist sein Lebensnerv. In den letzten Jahren sind viele Kommentare zum Zen-Merkbuch erschienen. Aber sie sind fast alle nutzlos. Kurzum, sie sind von Leuten geschrieben, die keine Augen haben. Wer sie als Richtschnur benutzt, wird auf absurde und irrige Wege geführt."[2] Das oben erwähnte Merkbuch über das Zazen geht auf Dogen zurück.

---

[2] Tadashii Zazen no Kokoroe, 32.

Es gibt also bei allen drei Verhaltensweisen kein Thema, über das nachgedacht wird, wie das bei der christlichen Betrachtung gewöhnlich geschieht. Das ist anfangs schwierig. Entweder treten viele Gedanken auf, oder man wird schläfrig. Wenn dann noch erhebliche Schmerzen in den Beinen dazu kommen wegen des ungewohnten Sitzes, braucht es viel Geduld, die vorgeschriebene Zeit durchzuhalten. Bei Anfängern sind die Schmerzen oft so stark, daß ihnen das Denken schon dadurch unmöglich wird. Aber das ist noch nicht das Nichtdenken, das hier gemeint ist. Das bemerkt man, sobald die Schmerzen einigermaßen erträglich werden oder ganz aufhören. Nun drängen sich die Gedanken in Schwärmen auf. Man kommt vom Regen in die Traufe. Aber auch das geht vorüber.

4. Der Warnungsstab

Außer den bereits erwähnten Mitteln gibt es noch ein anderes, nämlich den Warnungsstab (kyosaku), das dem Zen-Schüler helfen soll. Es ist ein zwei bis drei Fuß langer Stab, der am äußeren Ende flach ist. Damit wird von einem Mönch auf die Schultern oder auf den Rücken geschlagen. Das geschieht jedoch normalerweise nur während der Übungen und auch dann nur von Zeit zu Zeit. Dieser Warnungsstab gehört seit vielen hundert Jahren zum eisernen Bestand der Zenhalle. In den allermeisten Zenhallen wird er auch heute noch benutzt, wenn auch nicht im selben Maße. Es wird bald mehr oder weniger, fester oder sanfter geschlagen. Ein Europäer, der das zum erstenmal erfährt, ist vielleicht ungehalten und hält solche Methoden für unpassend in der heutigen Zeit. Aber er bemerkt bald, daß der Schlag mit dem Stab eine gute Massage ist. Der vielleicht steife Körper wird aufgefrischt und der Schlaf vertrieben. Daß das Schlagen nicht eine Züchtigung ist, sondern ein Dienst sein will, kommt durch die damit verbundene Zeremonie zum Ausdruck. Der Mönch mit dem Stab tritt vor den in Zazen-Stellung Sitzenden hin oder stellt sich hinter ihn, falls er mit dem Gesicht zur Wand sitzt, nimmt den Stab zunächst waagerecht in beide Hände und macht eine tiefe Verbeugung, während der Empfänger die flachen Hände vor der Brust wie zum Gebet zusammenlegt und sich verbeugt. Dann erst empfängt er einen oder mehrere Schläge. Danach legt er zum Zeichen des Dankes die Hände wieder wie vorher zusammen, während der Mönch mit dem Stab wie vorher sich wieder tief verneigt. Bisweilen wird sehr fest geschlagen, um die Übenden zum Eifer anzutreiben, damit sie möglichst bald die Erleuchtung erlangen. Je nach der Jahreszeit werden Stäbe mit härterem oder weicherem Holz verwendet, entsprechend der dickeren oder dünneren Kleidung.

5. Der Zen-Meister

Ein ganz wichtiger Punkt ist die persönliche Leitung durch den Zen-Meister. Im Sinne des Zen gesprochen ist der Hauptgrund für diese Leitung der Umstand, daß das wahre Zen, besonders die Erleuchtung, nicht durch theoretische Unterweisung, sondern nur durch Initiation weitergegeben werden kann. Das gilt auch für alle die bereits erwähnten Künste oder Wege. Das Bogenschießen z. B. kann man nur durch einen Meister lernen. Das Zen ist eben mehr als eine Technik. Es ist etwas Geistiges darin. Es ist auch verschieden vom Glauben. Es ist Erfahrung. Daher gilt die Leitung durch den Zen-Meister von eh und je als Wesensbestandteil des Zen. Die Technik kann man zur Not auch durch eine ausführliche schriftliche Anweisung erlernen. Aber das ist nur der Anfang. Manchmal wird die Führung des Meisters Telepathie genannt. Aber diese Ausdrucksweise schmeckt nach Magie oder Hypnose. Beides trifft die Sache nicht. Auch hier kommt der Sinn der Sache durch eine Zeremonie zum Ausdruck, die bei der Einzelleitung beobachtet wird. Der Zen-Meister ist dann nicht irgendein Lehrer, sondern der Buddha selbst. Der Schüler nähert sich ihm mit dreimaliger oder neunmaliger Verbeugung bis zum Boden auf beiden Knien und rutscht nach der letzten Verneigung bis auf 20 cm an den Meister heran. Der Meister selbst blickt ihn nicht an, sondern ist ganz nach innen gekehrt. Nur hie und da schaut er den Schüler an, der sozusagen ganz in ihn hineintreten soll.

Während dieser Begegnung, die übrigens nicht im Privatzimmer des Meisters, sondern in einem eigens für diesen Zweck bestimmten Raum stattfindet (dokusanshitsu), wird über nichts anderes als das, was das Zen angeht, gesprochen, und zwar praktisch, nicht theoretisch. Bald berichtet der Schüler von seiner Erfahrung oder seinen Schwierigkeiten beim Zazen, bald stellt der Meister ihm Fragen. Im allgemeinen ist das Gespräch kurz. Oft dauert es nur eine Minute oder noch weniger. Das genügt für den Meister, um zu sehen, wo der Schüler steht. Der Meister hat eine kleine Schelle neben sich stehen, die er läutet, zum Zeichen, daß das Gespräch beendet ist. Sofort zieht sich der Schüler in derselben Weise, wie er eingetreten ist, mit drei Verneigungen zurück und geht wieder in die Zenhalle, wo er die Meditation fortsetzt. Bei den strengen Übungen, die meistens eine Woche dauern, geht der Schüler täglich mehrere Male zum Meister. Dies hat zum Zweck, dem Schüler zu helfen, das Falsche zu beseitigen und das Richtige zu fördern.

Trotz der starken Betonung der Einzelleitung gibt es hier Unterschiede in der Sotoschule und in der Rinzaischule. Soto drängt weder auf die Erleuchtung noch benutzt sie, wie gesagt, das Koan. Sie betont auch die Einzelleitung längst nicht so stark wie Rinzai. Um das zu verstehen, muß man bei Soto die Interpretation des Zen als ein Ganzes sehen. Der Soto-Mönch tritt mit dem Mönchwerden in das Buddhaleben ein. Das aber erschöpft sich nicht im Zazen, sondern umfaßt das ganze tägliche Leben, Tag und Nacht. Dieses Buddhaleben ist für ihn die Erleuchtung. Diese Erklärung ist vielleicht zu einfach, um diesem Unterschied gerecht zu werden. Aber es gibt eben im Zen verschiedene Auffassungen. Oft wird es sich nach der Veranlagung des einzelnen richten, welche er vorzieht. Wenn Soto die angegebene Auffassung hat, so soll das natürlich nicht heißen, daß es dort keine Erleuchtung gäbe. Diese spielt auch dort eine Rolle, aber wenn sie stattfindet, so ist das Privatsache des einzelnen und wird nicht als äußere Norm gewertet, z. B. in dem Sinne, daß sie als Qualifikation für einen Zenmeister erforderlich wäre, wie das bei Rinzai der Fall ist. Höchst wahrscheinlich ist aber doch die Erleuchtung weniger häufig bei Soto als bei Rinzai.

Das Dokusan (Einzelleitung) geschieht meistens während des Zazen (der Meditation) und ganz besonders während der großen Übungen, die gemeinsam gemacht werden. Alle meditieren dann zusammen in der Zenhalle. Unterdessen gehen diejenigen, die es wünschen oder denen die entsprechende Weisung gegeben wird, zum Meister, während die übrigen weiter meditieren. Es ist also anders als bei christlichen Exerzitien, wo man in den Freizeiten zum Kursleiter geht oder gehen kann. Im Zen geschieht es während der Meditation, weil der Meister den inneren Zustand des Meditierenden prüfen und ihn dementsprechend leiten soll. Nach der Meditation ist der Schüler nicht so tief in der Versenkung und kann dem Meister nur berichten, wie es vorher war. Dann aber ist keine unmittelbare Prüfung mehr möglich. Es gibt aber noch eine andere Einrichtung im Zen für die Leitung bzw. Prüfung der Erfahrung des Schülers. Sie hängt mit dem Koan-System, wie es bei Rinzai üblich ist, zusammen. Das aufgegebene Problem hat der Schüler ja nicht nur während des Zazen im Sinn, sondern sozusagen Tag und Nacht. Es ist keine Seltenheit, daß dem Schüler bei der Arbeit oder zu irgendeiner Zeit eine Lösung einfällt. Was dann? Der Schüler darf dann sofort eine bestimmte

Glocke läuten, die man im ganzen Tempel hören kann. Dann wartet er fünf Minuten. Unterdessen macht sich der Meister bereit – dazu gehört auch das vorgeschriebene Gewand – und begibt sich in den Raum für die Einzelleitung (Dokusan-Zimmer). Sobald die fünf Minuten vorbei sind, läutet der Schüler nochmals und geht zum Meister, um die gefundene Lösung zur Prüfung vorzulegen. Da er 1700 Koan lösen soll, kann er es sich nicht leisten, zuzuwarten, bis sich eine Gelegenheit von selbst bietet. Diese Einrichtung nennt man Naisan, d. h. etwa: „privat gehen", während Dokusan „einzeln gehen" bedeutet und öffentlich ist.

Die Wahl des Zen-Meisters steht jedem frei. Sie wird sich allerdings für einen, der Mönch werden will, meist mit der Wahl des Zen-Klosters decken. Hat man die Wahl getroffen und ist man vom Meister als Schüler angenommen, so gilt die Regel, daß man den Meister nicht wechseln darf. Bedeutende Meister lassen die Bittenden oft lange warten, lehnen sie bisweilen mit scharfen Worten ab, um zu sehen, ob es dem Schüler wirklich ernst ist und er fest in seinem Entschluß ist. Bezeichnend ist die Erzählung von Bodhidharma und seinem Schüler Hui k'o. Es war kalter Winter, als er den Meister bitten kam, ihn als Schüler anzunehmen. Der Patriarch saß vor der Wand, in die Meditation vertieft. Hui k'o stand draußen im Schnee, und es schneite lustig weiter. Eine ganze Woche stand er so und verschwand schon fast im tiefen Schnee. Aber der Patriarch rührte sich nicht. Da faßte der Bittsteller einen großen Entschluß. Er zog sein Schwert und hieb sich den linken Arm ab. Das genügte, um seine Aufrichtigkeit zu beweisen. Bodhidharma nahm ihn als Schüler an. Hui k'o hielt durch und wurde der Nachfolger Bhodhidharmas, der 2. Patriarch des Zen.

Sollte man gegen die Regel aus schwerwiegenden Gründen den Meister doch wechseln, dann tritt eine andere Regel in Kraft: Man muß alles vergessen, fortwerfen, was man vom vorigen Meister gelernt hat. Man muß sich nun vorbehaltlos vom neuen Meister leiten lassen. Es ist bemerkenswert, daß sich die strenge Regel über das Verhältnis von Meister und Schüler auch in der ostkirchlichen Mystik findet, wo es sich um die Einführung und Leitung im Jesusgebet (Hesychasmus) handelt. Dort wird als Grund angegeben, daß der Heilige Geist den Schüler nur durch den einmal erwählten Lehrer leitet, durch keinen andern. Das gilt selbst für den Fall, daß der Meister in schwere Sünde fällt. Man erzählt, daß in manchen Fällen der Meister, durch die Treue des Schülers betroffen, seinen schlechten Lebenswandel aufgegeben habe. Wir werden später noch andere Parallelen zwischen Zen und ostkirchlicher Spiritualität finden.

III.
Wirkungen der Zen-Meditation

Nachdem wir über den Vollzug des Zazen gesprochen haben, wollen wir nun über seine Wirkungen reden. Dazu zunächst eine Vorbemerkung: Die für das Zazen typischen Wirkungen setzen voraus, daß man schon einigermaßen mit diesen Übungen vertraut geworden ist. Bevor wir uns klarmachen, was das konkret bedeutet, soll hier kurz auf die zwei Erfahrungen hingewiesen werden, die man gewöhnlich schon ganz am Anfang macht.

Die erste Erfahrung sind Schmerzen in den Beinen und bisweilen auch Schmerzen in anderen Körperteilen. Jene sind die ganz natürliche Folge des ungewohnten Sitzes. Sie können aber so stark sein, daß sie bei längerer Zeit unerträglich werden. Andere Schmerzen hängen oft mit Krankheiten oder Schwächen innerer Organe zusammen. So können Schmerzen im Rücken entstehen, weil die Rükkenwirbelsäule geschwächt ist (Bandscheibenschäden). Schwäche der Nieren oder anderer Organe verursachen Schmerzen an entsprechenden Teilen des Körpers in den Muskeln. Wenn die ursächlichen Schäden nicht zu stark sind, gehen die Schmerzen beim Zazen gewöhnlich bald zurück. Bis zu einem gewissen Grad können durch das Zazen auch organische Krankheiten und Schwächen geheilt werden. Das Zazen ist umgekehrt ein Barometer für die Gesundheit.

Die Schmerzen in den Beinen halten bei den meisten Menschen, besonders bei den Europäern, länger an. Eine halbe Stunde ohne erhebliche Schmerzen in der vorgeschriebenen Weise kann man durch einige Monate üben lernen. Aber während eines Kurses von mehreren Tagen dadurch nicht behindert zu werden, kann jahrelang dauern. Für diese Zeit muß man sich dann mit einem leichteren Sitz behelfen.

Die andere Erfahrung, die schon die Anfänger machen, sind die störenden Gedanken, die bei dem Bemühen, nicht zu denken, in großer Zahl auftreten und sehr hartnäckig sein können. Daher die bereits erwähnten Verhaltensweisen, Konzentration auf den Atem usw. während des Zazen.

Andererseits stellen viele Menschen auch bald fest, daß das Zazen eine beruhigende Wirkung hat. Wenn man zum erstenmal ein Sesshin, d. h. einen mehrtägigen Zen-Kurs mitmacht, lassen freilich die Schmerzen in den Beinen nicht nach, sondern werden eher noch stärker mit jedem Tag. Mancher hat schon am zweiten Tag die Versuchung, fluchtartig den Meditationssaal zu verlassen und heimzukehren. Aber am dritten Tag spürt er vielleicht schon ein gewisses Wohlbefinden, auch wenn die Schmerzen unvermindert fortdauern. Man fühlt, daß einem die Art dieser Meditation etwas geben kann. Hält man bis zum Schluß durch, so erfreut man sich schon gewisser angenehmer Nachwirkungen. Man ist ruhiger als zuvor und geistig frischer, besser konzentriert. Diese und andere erste Erfahrungen ermutigen zu dem Entschluß, diese Übungen fortzusetzen.

Aber die eigentlichen Wirkungen des Zazen setzen voraus, daß man über die Anfangsschwierigkeiten einigermaßen hinweg ist und allmählich wenigstens von Zeit zu Zeit und später auch dauernd in den Zustand des Zanmai kommt. Dieser Zustand ist die Voraussetzung dafür, daß das Zazen die ihm zugeschriebenen Wirkungen hervorbringt. Erst dann kann man auch in einem richtigen Sinne von einer Zen-Meditation sprechen. Sitz und Atmung sind Hilfen, aber noch nicht Meditation. Wir müssen uns nun klarzumachen versuchen, worin das Zanmai besteht.

„Versuchen", weil das theoretisch nur unvollkommen möglich ist. Um es ganz zu verstehen, muß man es selbst erfahren.

1. Zanmai

Das Zanmai ist jener Zustand, auf den es beim Zazen eigentlich ankommt. Wenn man auf andere Weise in diesen Zustand kommt, kann man die geistigen Wirkungen – die das Wichtigste sind – auch ohne das Zen erreichen. Mit der Auswirkung auf Körper, Gesundheit und langes Leben, ist die Sache nicht so klar. Man könnte diesen Zustand eine tiefe Sammlung oder Versenkung nennen.

Das Wort kommt vom indischen Samadhi (vielleicht richtiger: samayan). Die Schriftzeichen für das Wort Zanmai im Chinesischen und Japanischen (es sind bekanntlich dieselben) können uns über den Sinn des Wortes keinen Aufschluß geben, obwohl diese Schriftzeichen ursprünglich Bilder sind. Sie wurden von den Chinesen des Lautes wegen ausgewählt. Sie haben also das indische Wort nicht übersetzt, sondern so übernommen, wie es ist. Um es zu schreiben, haben sie das dem Laut des ursprünglichen Samadhi einigermaßen gerechtwerdende Schriftzeichen ausgewählt. Dabei verändert sich die Aussprache unvermeidlicherweise bis zu einem gewissen Grad. Dazu kommt eine weitere Veränderung durch die japanische Aussprache der chinesischen Schriftzeichen (Samadhi ist noch immerhin ein verhältnismäßig günstiger Fall).

Wichtiger als diese sprachliche Erklärung ist für uns der Unterschied im Gebrauch dieses Wortes Samadhi bzw. Zanmai. Das Samadhi hat viele Stufen. Die höchste entspricht der Erleuchtung im Zen. Im Zen wird jedoch die Erleuchtung nicht mit Zanmai bezeichnet. Auch werden keine klar voneinander verschiedene Stufen des Zanmai unterschieden. Wohl spricht man von einem mehr oder minder tiefen Zanmai. Anfänglich ist noch eine bewußte Tätigkeit vorhanden. Später wird das Ich mehr und mehr passiv. Dieser Zustand gilt aber nicht als Dauerzustand, sondern gilt zunächst nur für die Zeit der Meditation. Es gibt jedoch auch ein Zanmai außerhalb dieser Zeit.

Dieser Bewußtseinszustand ist wohl in allen Religionen bekannt. Zen, Yoga und andere Methoden wollen zu diesem Zustand hinführen. Aber es kommt auch vor, daß sich das Zanmai von selbst und ohne sichtbaren Grund einschaltet. Ein zeitgenössischer Autor, Carl Albrecht, sagt von diesem Zustand – übrigens ohne Berücksichtigung des Zen –, er bestehe erstens in der Herauslösung aus der Außenwelt, zweitens in der Entleerung des Bewußtseins und drittens in der Vereinheitlichung des Bewußtseins. Dieser Zustand war daher auch den christlichen Mystikern wohl bekannt. Ein Beispiel ist Augustin Baker, ein Benediktinermönch, der von 1575–1641 lebte. Er hatte in jungen Jahren ein großes Erlebnis, vernachlässigte es aber lange Zeit. Später aber hatte er eine zweite Bekehrung und begann von neuem, nach Vollkommenheit zu streben, zu welchem Zweck er auch täglich viele Stunden meditierte. In folgendem Zitat spricht er von der Art seiner Meditation. Er berichtet in dritter Person und nennt sich ‚unser Schüler'. Er schreibt:

„Bei Tauler, Harphius und anderen Mystikern lesen wir, daß jeder, der geistig werden will, seine äußeren Sinne nach innen ziehen muß und dann diese inneren Sinne in die Fähigkeiten der höheren oder intellektuellen Seele erheben und sie dort verlieren oder vernichten muß. Danach müssen diese Fähigkeiten der höheren Seele sich in ihrer Einheit sammeln, die der Anfang oder die Quelle ist, aus der diese Fähigkeiten fließen und sich ergießen. Und diese Einheit, welche allein imstande ist, sich vollkommen mit Gott zu vereinigen, muß auf Gott gerichtet werden. Und nun frage ich mich, ob das, was unser Schüler euch gesagt hat, von seinen fortgesetzten Bewegungen, die danach strebten, alle seine Tätigkeiten in das

Innere des Körpers zu ziehen, nicht dieselbe Sache ist, von der diese Mystiker reden ... Ich habe keinen Zweifel, daß für unseren Schüler wie auch für alle anderen das beste Gebet und die beste aktive Beschauung die vollkommene Befreiung der Seele von allen körperlichen Dingen ist. Mir scheint, daß die Übung des Willens bei unserem Schüler nach oben strebte und folglich alles, was niedrig war, nach sich zog ... nach meiner Meinung scheint es mir ..., daß er sich mehr und mehr geistig machen wird, wie wenn die Seele ohne Körper arbeitet."[1]

Der flämische Mystiker Jan van Ruysbroeck nennt diesen Vorgang ein Zurückkehren der Seelenkräfte zu ihrem Ursprung.

Im täglichen Leben betätigen sich Gedächtnis, Verstand und Wille einzeln. Ein Entschluß kommt z. B. dadurch zustande, daß man sich an etwas erinnert, darüber nachdenkt und dann entscheidet. Natürlich gibt es auch unüberlegte Entschlüsse. Bei der Vereinheitlichung des Bewußtseins ist das anders. Dort wird der Seelengrund angesprochen. Die Akte werden nicht gesetzt, sondern geboren. Doch darüber später mehr.

Während des Zanmai im Zen verändert sich der Bewußtseinszustand in dem Sinne, daß der innere Mensch mehr und mehr von der äußeren Welt abrückt und sich die Wahrnehmungen durch die Sinne nicht voll auswirken. Man sieht und hört wie sonst. Aber man wird dadurch nicht abgelenkt. Auch die Schmerzempfindung ändert sich. Bisweilen hören die Schmerzen in den Beinen, die eben noch unerträglich schienen, plötzlich auf. Diese Schmerzen beruhen zu einem großen Teil auf Spannung. Tritt nun im tiefen Zanmai eine völlige Entspannung ein, so ist die Ursache des Schmerzes beseitigt und damit auch der Schmerz selbst.

Auch das Zeitgefühl ändert sich oder geht gewisserma-

---

[1] Paul Renaudin, Quatre Mystiques anglais, Paris 1945, 136–137.

ßen ganz verloren. Man bemerkt nicht, daß die Zeit vorübergeht, und ist überrascht, daß die Meditation beendigt ist, obwohl man das Gefühl hat, als ob sie gerade erst begonnen habe.

Trotz dieser auffälligen Veränderungen sagen die Zen-Meister oft, man wüßte nicht, daß man im Zanmai sei. Nimmt man es wahr und reflektiert darüber, so ist man schon heraus.

Noch überraschender erscheint es, daß es auch außerhalb der Meditation ein Zanmai gibt, wie bereits angedeutet. Das geschieht z. B. bei einer Beschäftigung, auf die man sich ganz konzentriert. Dieses Zanmai während der Arbeit wird im Zen sehr hoch eingeschätzt. Schon mancher hat bei solch einer Gelegenheit die Erleuchtung erlangt, obwohl es ihm während des Zazen trotz allen Eifers nicht gelingen wollte. Leuten, die nicht beständig im Kloster leben und täglich viel meditieren können, wird immer wieder geraten, daß sie von Zeit zu Zeit die großen Übungen mitmachen, täglich daheim üben und im übrigen – das sei das Allerwichtigste – sich bei jeder Beschäftigung auf die Arbeit, beim Essen auf das Essen und in jeder Lage sich ganz auf die Sache konzentrieren, nicht körperlich, sondern auch geistig ganz gegenwärtig sein sollten. Wenn man das tue, so könne man auch außer der Meditationszeit die Erleuchtung erlangen. Wer es versucht, wird allerdings feststellen, daß es nicht so leicht getan wie gesagt ist. Man darf dann nämlich während einer Arbeit weder an sein Verdienst noch an seine Ehre noch sonst etwas anderes denken. Andererseits hilft die Zen-Meditation gerade zur Konzentration auch zu anderer Zeit, wie noch ausführlich darzulegen ist. In einem gewissen Sinne wird dann die Arbeit zur Meditation. Allerdings muß dann Meditation nicht im Sinne eines Nachdenkens über ein Thema, sondern als eine innere Haltung verstanden werden. Manche Menschen bringen es auf diesem Wege so weit, daß die Arbeit selbst ihre Erholung wird und sie überdies mit einem sehr geringen Schlaf auskommen.

Es ist also nicht so, daß man während der Arbeit und sonst immer an die Meditation denken, d.h. beständig „meditieren" sollte und deshalb die Aufmerksamkeit gespalten ist. Man kann ja auch nicht während der Arbeit immer an Gott denken. Das dürfte ohne eine besondere Gnade kaum möglich sein, vorausgesetzt natürlich, daß man die Arbeit doch gut macht. Beide Fälle, Zen-Meditation und Arbeit, stimmen negativ überein in dem Sinne, daß alles, was nicht dazu gehört, ausgeschaltet wird, und positiv in dem Sinne, daß man auf die Sache konzentriert ist. Aber der Unterschied ist der, daß man in dem einen Falle auf ein Objekt konzentriert und im anderen ohne Objekt ist. In diesem Fall, nämlich bei der Meditation, ist die Konzentration „ein bedingungsloses Anhaften" an das Dunkel, in das man schaut (C. Albrecht).

Wie aus dem Gesagten hervorgeht, ist das Zanmai eine Versenkung oder ein Versenkungsweg, eine Herauslösung aus der Außenwelt, Entleerung des Bewußtseins und Vereinheitlichung desselben. Um das zustande zu bringen, müssen wir „alle übernommenen Theorien, psychologische Konstruktionen, alle bloßen Gedanken, Beurteilungen beiseite lassen" (C. Albrecht). Das ist ein problematischer Satz in doppelter Hinsicht: erstens regt sich ein Widerspruch in uns bei dem Gedanken, allen geistigen Besitz, den wir uns mit vieler Mühe angeeignet haben, einfach wegwerfen zu sollen. Zweitens schrecken wir davor zurück, uns sozusagen in das Nichts zu stürzen. Zum ersten ist zunächst zu sagen: Es heißt nicht „für immer wegwerfen", sondern „beseite lassen". Manche Autoren behaupten allerdings, man dürfe nicht an irgendeiner einzelnen Glaubenswahrheit festhalten, sonst könnte man das hier gesteckte Ziel nicht erreichen. Demnach würde ein bestimmter religiöser Glaube ein Hindernis bedeuten. Aber das ist nicht richtig. Es heißt nur, daß man sich während der Meditation nicht willentlich und begrifflich mit Einzelheiten beschäftigen darf. Das sagt auch Johannes vom Kreuz. Es geht nicht darum, daß man seinen Glauben wegwerfen müsse. Das tun auch die Zen-Mönche nicht. Sie bleiben Buddhisten. Sie halten auch religiöse Riten zu bestimmten Zeiten während der großen Übungen, wo fast den ganzen Tag Zazen gemacht wird. Das sind religiöse Übungen, die sinnlos wären, wenn nicht ein Glaube dahinter steht.

Zum zweiten Bedenken, das uns kommen könnte, nämlich dem Sturz in das Nichts: Zunächst muß zugegeben werden, daß dieser Sprung ins Unbewußte wirklich ein Wagnis ist. Aber dieses Wagnis muß der Mensch irgend einmal auf sich nehmen, wenn er in das tiefe Zanmai oder den Zustand kommen will, der für die mystische Vereinigung im christlichen Sinne erforderlich ist. In der christlichen Spiritualität hat man hier immer ein Problem gesehen. Man hat stets davor gewarnt, die vollständige Leere des Bewußtseins anzustreben, also bei der Betrachtung nichts zu denken. Das sei nicht nur sinnlos, sondern auch gefährlich, weil schlechte Gedanken in diese Leere eindringen können. Auf dieses Problem kommen wir zurück, wenn wir ausdrücklich über die christliche Spiritualität sprechen werden. Hier soll nur auf den Unterschied zum Zen hingewiesen werden, wo das Nichtdenken trotz aller Gefahren von Anfang an geübt wird. Die Zen-Meister haben jedoch große Geschicklichkeit, um alle Klippen unbeschadet herum zu führen. (Das ist eine Beobachtung, die ich schon sehr früh gemacht habe. Sie sind in diesem Sinne wirklich geschickt in der Seelenführung.)

Kurzum, um an jenen Ort zu kommen, wo Erfahrungen wie die Zen-Erleuchtung gemacht werden, ist ein Durchbruch erforderlich zu einer tieferen Bewußtseinsschicht – Seelengrund nannten es die Mystiker. Oder eine andere Ausdrucksweise: Man muß durch eine Es-Schicht gehen[2].

---

[2] Vgl. J. B. Lotz, Meditation im Alltag, Frankfurt/M. 1959.

2. Wirkungen des Zazen

Nachdem wir gesehen haben, was das Zanmai ist, können wir nun über die typischen Wirkungen des Zazen sprechen, die ja erst dann zu erwarten sind, wenn der Zustand des Zanmai wenigstens zeitweise auftritt. Wir können die Wirkungen einteilen in negative und positive.

2.1 Negative Wirkungen

Dazu gehören vor allem zwei, nämlich das Makyo (Welt der Geister) und die Zen-Krankheiten.

2.1.1 Makyo

Das sind Erscheinungen, die man vor den Augen sieht, oder Worte, die man hört, obwohl draußen nichts Derartiges vorhanden ist, z. B. ein Buddhist, die Gestalt des Buddhas oder eines Bhodisatva. Vielleicht meint er, es sei Wirklichkeit, obwohl nichts dort ist. Solche Phänomene können auch unangenehmer Art sein, z. B. ein wildes Tier. Seltener sind es auditive Phänomene. Es gibt nun auch Menschen, die, ohne Zen oder ähnliche Übungen zu machen, Gestalten sehen oder Stimmen hören, obwohl nichts Derartiges vorhanden ist. Das beruht oft auf krankhafter Veranlagung. Wenn wir im Zen von Makyo sprechen, so setzen wir voraus, daß die übenden Menschen vollkommen normal, nicht psychisch krank sind und im Wachbewußtsein solche Erfahrungen nicht haben. Übrigens können die Makyo-Phänomene auch schwächer sein, d. h., sie haben keine Gestalt, sondern nur Farbe oder Licht, obwohl keine äußeren Ursachen dafür festgestellt werden können.

Wie sind solche Phänomene zu erklären? Wie sind sie zu werten? Wie soll man sich dazu verhalten? Die Zen-Meister geben dieselben Erklärungen, wie man sie heute in der Tiefenpsychologie geben würde. Es sind Bilder, die längst vorher in den Tiefen der Seele vorhanden waren, aber keine Möglichkeit hatten, wahrgenommen zu werden. Nun aber, wo das Bewußtsein durch die Zen-Übungen allmählich entleert wird, erscheinen sie sozusagen an der Oberfläche und können so deutlich werden, daß man sie für Wirklichkeit hält.

Wie werden diese Phänomene im Zen bewertet? Weder als gut noch als schlecht. Sie sind weder erwünscht, noch sind sie zu fürchten. Aber sie haben eine positive Note für den Zen-Meister. Er kann nämlich normalerweise daraus schließen, daß der Schüler tief in das Zen (Zanmai) hinein kommt. Er übt offenbar richtig und mit Erfolg. Manchmal kommt sogar die Erleuchtung bald nach dem ersten Auftreten des Makyo. Aber das ist doch nicht immer so. Es geschieht bei Menschen, die verhältnismäßig leicht zur Erleuchtung kommen (über diese Möglichkeit später). Also das ist nicht bei allen Menschen so. Wohl kann man sie allgemein als ein Zeichen für die Aussichten auf die Erleuchtung ansehen. Die Zeit bleibt doch unberechenbar. Bei manchen Menschen kommt eine Zeitlang viel Makyo, aber dann nimmt es ab, und schließlich bleibt es ganz aus. Das bedeutet nun aber auch wieder nicht, daß keine Aussicht mehr für die Erleuchtung besteht. Man muß sich überhaupt hüten, im Zen von anderen auf sich und von sich auf andere zu schließen. Vieles hängt engstens mit der Veranlagung des einzelnen zusammen.

Die wichtigste Frage bezüglich des Makyo ist die dabei zu beobachtende Verhaltensweise. Darüber aber sind sich alle Zen-Meister einig: Man darf sich auf keinen Fall darauf einlassen. Es ist dieselbe Regel, die wir auch früher schon angetroffen haben, nämlich jene, die für die ungewollt aufsteigenden Gedanken gilt. Man kann versucht sein, sich bei einem schönen Bild oder interessanten Lichtspiel des Makyo aufzuhalten und sich daran zu erfreuen. Aber dieser Versuchung darf man niemals nachgeben. Sonst weicht man vom Weg zur Erleuchtung ab und verliert seine Zeit.

Auch für dieses Phänomen im Zen finden wir eine deutliche Parallele in der christlichen Mystik, nämlich im Jesusgebet. Es besteht darin, daß man die Worte „Herr Jesus Christus – erbarme dich meiner“ (oder einer längeren Formel desselben Inhalts) beständig im Rhythmus des Atems wiederholt. Dabei treten nach einiger Zeit ähnliche Phänomene wie das Makyo auf. Doch sind nun die Bilder oder Worte nicht buddhistisch, sondern christlich beinhaltet, etwa eine Engelgestalt oder Christus-Erscheinung. Die geistlichen Lehrer der Ostkirche warnen gerade so wie die Zen-Meister davor, sich darauf einzulassen. Dort werden diese Phänomene als „Teufelswerk“ bezeichnet.

Man denkt hier unwillkürlich an Erscheinungen, die von christlichen Heiligen berichtet werden, und fragt sich vielleicht, ob dieselben von derselben Art sind wie das Makyo und ebenso zu beurteilen sind. Daß manches davon von derselben Art ist, kann wohl nicht bezweifelt werden. Aber daraus folgt nicht, daß alles, was von christlichen Heiligen berichtet wird, in gleicher Weise zu werten bzw. abzuwerten ist. Wir werden später auf diese Frage zurückkommen, wenn wir von der christlichen Mystik sprechen. Hier geht es zunächst darum festzustellen, was das Zen von den Phänomenen hält, die normalerweise beim Zazen auftauchen.

2.1.2 Zen-Krankheiten

Die zweite Art der negativen Wirkungen sind die Zen-Krankheiten. Das sind körperliche oder geistige Zustände, die für den Fortschritt des Zazen ein Hindernis bedeuten. Sie beruhen zum großen Teil auf falschem Vorangehen beim Zazen. Sie sind also anderer Art als das Makyo, das nicht schadet, solange man nicht darauf eingeht. Es tritt z. B. ein Zustand ein, der das Gedächtnis oder die Verstandestätigkeit hindert. Man wird vielleicht meinen, daß das gerade das Rechte wäre, um das Bewußtsein zu entleeren. Aber der Schluß ist falsch. Diese Leere ist keine Hilfe, sondern der Tod für das Zazen. Das Zazen stirbt. Eine andere Art von Zen-Krankheit kann ein Druck im

Kopf sein. Oder man gelangt in einen „höheren Bewußtseinszustand“ und kann nicht wieder herauskommen. Beim Zazen sollten alle Kräfte des Körpers und des Geistes gesund und lebendig sein. Man sollte sich aus Furcht vor den Zen-Krankheiten jedoch nicht vom Zazen abhalten lassen, sondern sich bemühen, die vorgeschriebenen Regeln genau einzuhalten. Auf weitere Einzelheiten brauchen wir hier nicht einzugehen.

2.2 *Positive Wirkungen*

Sie werden in drei zusammengefaßt:

1. Kräfte, die einem durch die Meditation (Zazen) zuwachsen,
2. Einsicht oder intuitive Erkenntniskraft,
3. Erleuchtung oder Wesensschau.

2.2.1 *Kräfte, die einem durch die Übung des Zazen zuwachsen*

Diese Kräfte werden in zwei Unterabteilungen eingeteilt:

1. die Fähigkeit, die Zerstreuungen des Geistes abzustellen und seelisches Gleichgewicht und Ruhe herzustellen,
2. durch göttliche Kräfte Bewahrung des Körpers mehrere hundert Jahre; unberechenbare vielerlei Kräfte zur freien Verfügung: die fünf Kräfte der shinsen, sechs Kräfte der ragan und sechs Kräfte der arahat. Diese besonderen Wunderkräfte werden heute noch von den Yogins angestrebt. Im Zen strebt man sie nicht an. Wir brauchen daher auch nicht darauf einzugehen und beschränken uns auf das, was unter 1. angegeben ist.

Die Fähigkeit, die Zerstreuungen des Geistes abzustellen und seelisches Gleichgewicht und Ruhe herzustellen. Sehen wir, was das konkret bedeutet. Zunächst wird der Mensch *Herr* über seine Gefühle. Er wird ruhiger und innerlich freier. Seine Gefühle gehen nicht mit ihm durch. Er wird deswegen auch zugänglicher für seine Mitmenschen. Kommt er trotzdem mal aus dem Gleichgewicht, so kommt er schnell wieder zur Ruhe. (Japanische Frauen haben das bei ihren Männern oft erfahren, nachdem diese begonnen hatten, die Zen-Übungen zu machen.) Trotzdem bedeutet das nicht Passivität und Gleichgültigkeit oder Verlust an Energie und Emotionalität. Es gibt unter den Zen-Übenden Staatsmänner und Industrielle, die sehr tüchtig in ihrem Beruf sind. Hinzu kommt dann noch die erhöhte Konzentrationsfähigkeit, die durch das Zazen sehr gefördert wird. Wer Zazen übt, ist in seinem Beruf tüchtig. Das ist allgemeine Erfahrung in Japan. Er ist imstande, sich auf die Sache selbst zu konzentrieren, auch wenn äußere und innere Hindernisse im Wege stehen. Man hat ähnliches bei den japanischen Olympiakämpfern beobachtet.

Das Gleichgewicht zwischen Emotionalität und Ruhe läßt sich vielleicht durch eine Erklärung von J. H. Schultz, der das autogene Training erfunden hat, verstehen. Er sagt, man müsse sorgen, daß die Reize nicht in das Vegetative (den Körper) gehen. Wenn das gelingt, werden die Reize zwar ganz natürlich aufgenommen und empfunden, klingen aber schnell wieder ab. Gehen sie aber in den Körper, so setzen sie sich dort fest wie mit einem Widerhaken. Der „Film" läuft immer wieder von neuem ab. Schultz sagt: „Ärger, Heftigkeit, Angst – kurz, die störenden Gemütsbewegungen sind nur deswegen so mächtig, weil sie den ganzen Organismus erschüttern." [3]

Eine andere Weise, uns die Situation klarzumachen, ist die im Zen gebräuchliche Unterscheidung zwischen der Tätigkeit an der Vorderseite und Rückseite des Geistes (Herzens). Das bedeutet in etwa dasselbe wie bewußte und unbewußte Tätigkeit. Die Tätigkeit an der Vorderseite kennen wir und haben wir (wenigstens einigermaßen) in der Hand. Mit der Rückseite ist es anders. Viele

---

[3] J. H. Schultz, Übungsheft für das autogene Training, Leipzig [9]1956, 10.

Menschen wissen kaum, was dort geschieht. Sie meinen vielleicht, sie seien in ihren Entscheidungen frei, sind es aber nur zu einem geringen Grad, vielleicht nur zu 20 Prozent. Die übrigen 80 Prozent üben ihre Wirkung unbemerkt aus. Durch das Zazen „kommt man dahinter". Es ist wie eine Selbstanalyse. Man versteht den wirklichen Zustand seines Geistes.

Es versteht sich, daß sich all das auch auf das Religiöse auswirkt. So erleichtert die erhöhte Konzentrationsfähigkeit die Aufmerksamkeit im Gebet oder bei einer ritualen Handlung. Die Selbstbeherrschung oder innere Freiheit macht den Verkehr mit dem Mitmenschen wertvoller. Dazu kommt die ethische Vervollkommnung: Das Abwegige und Negative wird allmählich aufgelöst, weg-meditiert (melted away). Neid, Haß und Mißgunst verschwinden oder werden gegenstandslos. Der Mensch wird frei und fähig, echte Liebe zu haben. Wie sich das auswirkt im Zen und allgemein im Buddhismus, wird uns verständlich, wenn wir die folgende Erklärung C. Albrechts überdenken.

Er sagt: „Die ursprüngliche östliche Liebe (wir dürfen vielleicht einmal dieses nichtssagende Eigenschaftswort gebrauchen) ruht auf drei Voraussetzungen:

1. Sind die Reinkarnation, die Wiederverkörperungslehre und die mit dieser zusammenhängende Karma-Lehre zu nennen. Diese fordern zu ihrem ehernen gesetzlichen Gang geradezu einen aus der Freiheit des Menschen möglichen Gegenwurf und entbinden darum den Versuch, einen Prozeß der Loslösung aus dieser leidvoll erlebten Gesetzlichkeit in Bewegung zu setzen.

2. Hiermit hängt es zusammen, daß das Ich sich auf einem langen Wege der Bereitung und Askese und Erkenntnis lösen muß aus allen vordergründigen Fälschungen und Verstrickungen, aus allen Anhaftungen, daß es frei werden muß von Begehren, frei von jedem Wunsche, jeder Lust, jeder an die Weltinhalte haftenden Vorstellung, frei von jedem Schmerz und jeder Sorge, jeder Ich-Erhö-

hungssucht und Macht. Dieser große Prozeß des Lassens, des Loslassens führt zur vollkommenen Ichlosigkeit, zur Findung des eigenen Selbst.

3. Wenn dann noch in der Versunkenheit nach Aufhören des Denkens und Betrachtens die große Täuschung der scheinbaren Zerstückelung und Vereinzelung der Weltinhalte erschaut wird und das wahrhafte Einssein erfahren wird, wenn man erschauend und erfahrend weiß, daß in jedem Lebewesen, in jedem Tier, in anderen Menschen der gleiche eine Allgeist: Atman-Brahma, verhüllt ruht, dann ist der Pilger, der Mönch, der sich Versenkende zu einem Licht geworden, dessen Wärme und Helle in die Welt hineinleuchtet, dessen offene Zuwendung zu jedem anderen Lebewesen voll Erbarmen, voll Mitleid, voll Milde, ja voll Liebe ist. Denn aller Haß ist erloschen, aller Neid, alle Eifersucht, alle Mißgunst, alle Feindschaft ist in der Begehrungslosigkeit und Gelassenheit vergangen. In den von allen negativen Bezügen und Anhaftungen entleerten Raum der Seele sind nur noch dispositive Bezüge der Wärme und des Wohlwollens verblieben.

So entsteht – wenn man es so nennen will – eine altruistische Verhaltensweise, die in vielem, rein äußerlich gesehen, dem Verhalten des von Agape besessenen Menschen ähnlich ist. Und doch: der Ursprung dieser Liebe kommt aus einer völlig anderen geistigen Situation, ja aus völlig anderen anthropologischen Gegebenheiten." [4]

2.2.2 *Einsicht (chie)*

Was damit gemeint ist, können wir uns auf zweierlei Weise klarmachen. Die erste stützt sich auf die herkömmliche Erklärung der menschlichen Erkenntnisfähigkeit, wie wir sie z. B. schon bei Thomas von Aquin finden [5].

---

[4] C. Albrecht, Das mystische Erkennen, Bremen 1958.

[5] Näheres siehe darüber bei: J. B. Lotz, Meditation, in: Wörterbuch der theol. Grundbegriffe, München 1962; ders., Meditation im Alltag, Frankfurt/M. 1959.

Danach hat der Mensch eine (nur eine) Erkenntnisfähigkeit, die sich aber diskursiv oder intuitiv betätigen kann. Dazwischen liegen zahllose Kombinationen. Die diskursive Betätigung geht von einer Wahrheit zur anderen. Die intuitive Betätigung dagegen erkennt die Wahrheit unmittelbar, wie das z. B. bei den sogenannten prima principia der Fall ist. Jene ist mehr auf die Einzeldinge oder das Seiende gerichtet, diese hat als Objekt besonders das eine ungeteilte Sein, Gott. Dementsprechend gibt es auch zwei Arten von Meditation, nämlich die diskursive, die wir Betrachtung nennen, und die intuitive oder Meditation im eigentlichen Sinne. Jene ist gegenständlich, diese übergegenständlich. Jene geht vor allem auf das Geschöpfliche und Körperliche, während diese auf das Geistige, besonders den Schöpfer geht.

Es besteht jedoch eine enge Beziehung zwischen beiden. Das diskursive Erkennen wird durch das Intuitive vervollkommnet. Bezeichnend sagt dazu Thomas Merton:

„Die ‚Unwissenheit' des wahren Mystikers bedeutet nicht Unvernunft, sondern Übervernunft. Zuweilen scheint die Beschauung das spekulative Denken zu verwerfen, in Wirklichkeit aber bietet sie dessen Erfüllung. Jede Philosophie und Theologie, die sich über ihre Bedeutung in der wahren Ordnung der Dinge klar ist, strebt danach, über die Wolke auf dem Gipfel des Berges einzutreten, in welcher der Mensch hoffen kann, dem lebendigen Gott zu begegnen. Jede Wissenschaft müßte daher erfüllt sein von dem Bewußtsein ihrer Grenzen und vom Verlangen nach einer lebendigen Erfahrung der Wirklichkeit, welche dem spekulativen Denken allein unerreichbar bleibt."[6]

Was wir heute auch in der Naturwissenschaft erleben, bestätigt diese Auffassung. Die größten Vertreter (z. B.

---

[6] Th. Merton, Aufstieg zur Wahrheit, Zürich–Einsiedeln–Köln 1952, 62.

Heisenberg) kommen bereits von der Vielheit zur Einheit und damit zum letzten Sein, das diskursiv nicht mehr faßbar ist. Dasselbe wird bereits angedeutet durch das „neue Denken", von dem wir schon lange hören. Wenn das überhaupt einen Sinn hat, so muß es uns ein vollkommeneres Erfassen der Wahrheit bringen, als wir es bisher in unserem „dreidimensionalen" Wissen erreichen konnten. Wenden wir das auf die christliche Betrachtung bzw. Meditation an, so heißt das: Die Betrachtung – im Sinne der gegenständlichen auf das Einzelne gehenden Betrachtung – kann uns die religiösen Wahrheiten nur unvollkommen mitteilen. Das gilt besonders von der Erkenntnis des Absoluten und im christlichen Sinne des persönlichen Gottes. Dieses bzw. dieser entzieht sich jeder Begrenzung oder jedem Begriff oder Wortausdruck. Viele Menschen haben heute ihren Gottesglauben verloren, weil sie keinen anderen Weg als den hergebrachten diskursiven fanden, tiefer in das Geheimnis Gottes einzudringen. Der Mensch ist schon über sich hinausgewachsen. Gottesbeweise helfen ihm nicht mehr, und in den Dingen, die unter Gott sind, den Geschöpfen, findet er ihn auch nicht mehr. Er findet nichts mehr dort, was wirklich für Gott paßt. Ein anthropomorpher Gottesbegriff ist für viele Menschen mit dem besten Willen nicht mehr nachvollziehbar. Die Betrachtung darf daher nicht bei den Einzeldingen stehen bleiben, sondern sie muß zur Meditation werden, wo das diskursive Denken aufhört. Solange wir Gott begrifflich erfassen, erfassen wir ihn tatsächlich nicht selbst, sondern nur ein Bild von ihm, das wir selbst gemacht haben. Heute gilt in einem neuen Sinn das Verbot: Du sollst dir kein geschnitztes Bild machen, um dasselbe anzubeten, denn das ist nicht mehr Gott, sondern ein Götze. Hier ist auch ein sehr wichtiger Moment für die Begegnung mit dem (reinen) Buddhismus, speziell mit Formen des Buddhismus, wie das Zen ihn vertritt. Die Zen-Mönche wollen keine Atheisten sein, und sie sind es auch nicht in dem Sinne, wie ein ursprünglich christlicher Mensch, der Gott ausdrücklich leugnet. Dieser glaubt nicht mehr an Gott, der Buddhist noch nicht („noch" von unserem Standpunkt aus gesehen). Aber er glaubt an etwas, das tatsächlich Gott ist.

Die Einsicht oder intuitive Erkenntnisfähigkeit, die durch die Zen-Übungen gefördert wird, ist nun eben die Fähigkeit, die sich betätigt in der Erleuchtung, der Gotteserfahrung und weiterhin in der christlichen Mystik allgemein. (Auf die Gegenüberstellung von diesen beiden Erfahrungen wird später eingegangen werden.) An dieser Stelle möchte ich noch eine andere Erklärung von der „Einsicht" geben, die mehr östlich ist als die obige, die sich an die (christliche) scholastische Auffassung der menschlichen Erkenntnisfähigkeit anlehnt.

Der Osten kennt auch heute noch sozusagen ein „Organ" für die intuitive Erkenntnis. Es ist der „Grund" (Seelengrund würden die Mystiker sagen) oder das dritte Auge. Wir sind gewohnt, die geistigen Gefühle durch Verstand und Wille zu erklären. Man erkennt z. B. etwas als gut und liebenswert, und daraufhin setzt der Wille einen Akt der Liebe, dessen Gegenstand eine Sache oder Person ist. Nach der östlichen Erklärung muß diese Liebe in jenem Grund empfangen und geboren werden. Das gilt für alle geistigen Gefühle. Dieser Grund ist eine „geistige Erde" (Cyrill von Krasinski). Auch die religiösen Gefühle, der Glaube überhaupt, kommen nur auf diesem Wege zustande. Der Befehl des Willens genügt selbst bei bester Erkenntnis nicht. Dieses Organ ist durch das Übergewicht des materialistischen und rationalen Elementes in unserer Kultur im Westen sozusagen sterilisiert. Die Zen-Meditation spricht eben diesen Grund an und macht ihn wieder empfänglich, indem sie die Ratio vollkommen ausschaltet. Daraus erklärt sich die immer wieder gemachte Beobachtung, daß Menschen (auch westliche), die nicht mehr an Gott glauben können, durch die Zen-Meditation, wo von Gott weder die Rede ist, noch auch über Gott nachgedacht wird, zu ihrem eigenen großen Erstaunen wieder an

Gott glauben können. (Zen ist da nur ein Beispiel: der geistige Kontakt auch in anderen Formen mit dem Osten hat diese Wirkung oft hervorgebracht.)

Eine allgemeine Erfahrung, die Christen machen, wenn sie regelmäßig nach der Art des Zen meditieren, besteht darin, daß sie unerwartet eine tiefere Erkenntnis christlicher Wahrheiten oder Schriftstellen erhalten, obwohl sie wenigstens gerade dann nicht darüber nachgedacht haben.

Wenn wir die genannten Auswirkungen des Zazen, selbst abgesehen von der Erleuchtung, über die wir bald zu sprechen haben, betrachten, fragen wir uns vielleicht: Wie ist das möglich, obwohl das Verhalten während der Meditation vorwiegend passiv ist? Sicher müssen gute Gründe dafür bestehen. Andererseits ist es auch nicht zu verwundern, daß es Zeit braucht, bis diese Wirkungen hervorgebracht werden können. Der Grund dafür ist die Tatsache, daß das Zazen ein Versenkungsweg ist und daher auch wie alle echten Versenkungswege ein Läuterungsweg. Wir brauchen uns nur an die Nächte vom heiligen Johannes vom Kreuz zu erinnern, um das zu verstehen. Er spricht von der Nacht der Sinne und der Nacht des Geistes. Was jene betrifft, in der die ungeordneten sinnlichen Bestrebungen bis in die Wurzel bekämpft werden – vielleicht wird man das heute anders ausdrücken –, so wird im Zen nicht viel darüber gesprochen. Es wird vorausgesetzt, daß jemand, der diesen Weg ernstlich gehen will, seine schlechten Gewohnheiten aufgibt und sich bemüht, ein ordentlicher Mensch zu werden. Für diejenigen, die Zen-Mönche werden wollen, ist es von vorneherein klar, schon von der Tradition der Zen-Klöster her, daß sie jahrelang ein hartes Leben führen müssen. Es gibt dort Zen-Übungen, die eine Woche lang dauern, wo fast beständig meditiert wird und auch nicht eine Minute zur Tages- oder Nachtzeit vorgesehen ist, wo man schlafen dürfte. Dazu kommt, daß die Novizen schweren Prüfungen unterworfen werden, bevor sie von einem Meister als Schüler angenommen werden. Propaganda für Berufe kennt man in den Zen-Klöstern nicht (hier wäre eine kurze Bemerkung zu machen über jene jungen Leute, die in erster Linie kommen, um den Tempel des Vaters zu übernehmen). Der Nacht des Geistes bei Johannes vom Kreuz entspricht im Zen die Ausschaltung des Gedächtnisses, Verstandes und Willens oder, kurz gesagt, des eigenen Ichs. Es gibt vielleicht in keiner Religion einen so radikalen Weg der geistigen Losschälung wie die verschiedenen Wege im Buddhismus. Wer den Weg des Zen unter einem strengen Meister geht, wird das bald bemerken. In etwa ist uns das vielleicht auch schon aus der Beschreibung dieses Weges verständlich geworden. Man darf sich an nichts hängen, nirgends stehen bleiben, weder bei guten noch bei schlechten Gedanken oder Gefühlen. Die kleinste Ausnahme bringt den Weg zum Stillstand. Es gibt keinen Umweg, sondern nur einen richtigen Weg. Wer das Ziel auf einem Umweg zu erreichen versucht, wird nach einiger Zeit feststellen, daß er wieder da angelangt ist, wo er den Umweg angetreten hat. Andererseits wird er bald merken, daß er weiterkommt, wenn er diesen Weg so radikal geht, wie es vorgesehen ist. Man kann auch bei dem Zen-Weg durch sehr penible Phasen kommen, ähnlich wie bei einer Psychoanalyse. Auch im Zen kennt man Tränen der Buße und Schuldbewußtsein, obwohl man nicht recht sieht, wie das in ein System paßt, wo kein Platz für einen persönlichen Gott ist.

Auch das folgende ist etwas, das wir in der christlichen Spiritualität kennen: Dieser Weg gleicht einem Labyrinth. Wer ihn einmal ernstlich angetreten hat und einige Zeit gegangen ist, kann nicht mehr zurück. Er kann nicht noch einmal sein, wie er vorher war. Er hat Dinge erlebt, die er nicht mehr vergißt. Durch ein Zurück wird er niemals glücklich. Er wird immer das Gefühl behalten, daß er falsch gehandelt hat. Er kann nur immer tiefer in das Dunkel gehen, bis das Licht aufleuchtet vor ihm, das er ersehnt. Aber wann dieser glückliche Augenblick kommt, weiß er nicht und kann ihm auch niemand sagen. Er hat nicht einmal die Garantie, daß er jemals zum Licht kommt. Nur eines weiß er, nämlich, daß die Zeit nicht verloren ist, wenn er durchhält. Was Zen betrifft, so erfährt er, daß die genannten Wirkungen, die man schon vor der Erleuchtung haben kann, stärker und stärker werden, und auch, daß er dadurch seinen Mitmenschen bessere Dienste leisten kann.

2.2.3 Erleuchtung (Satori, Wesensschau)

Die höchste Wirkung und, vom Zen her gesehen, das letzte Ziel des Zazen ist die Erleuchtung.

Durch eine Beschreibung verständlich zu machen, was dieses Phänomen ist, wäre vergebliches Bemühen. Eher noch könnte man sagen, was es nicht ist, und dadurch gewissen Mißverständnissen vorbeugen. Aber damit kommen wir nicht weit. Die Erleuchtung ist eine Erfahrung, die jeder selbst machen muß, um sie zu kennen. Im Zen drückt man das gern in einem Gleichnis aus: Den Unterschied zwischen warm und kalt kann man nur durch eigene Erfahrung kennenlernen. Oder es ist wie mit einem Stummen, der einen Traum gehabt hat, aber niemand erzählen kann, was er da gesehen hat.

Wir wollen aber die Sache damit noch nicht bewenden lassen, sondern versuchen, von verschiedenen Seiten eine der Wirklichkeit möglichst nahe kommende Antwort auf die Frage zu geben. Wir tun das, indem wir 1. eine Beschreibung des Phänomens, 2. eine psychologische Interpretation und 3. eine begriffliche Erklärung versuchen.

2.2.3.1 Beschreibung des Phänomens

Im allgemeinen sprechen sich japanische Zen-Meister nicht über ihre Erleuchtungserfahrung aus. Wenn sie überhaupt auf diesbezügliche Fragen antworten, äußern sie sich in Formen, die auch wieder nur für den Fachmann verständlich sind. Immerhin gibt es einige wertvolle Ausnahmen. Kosen Imakita spricht in folgender Weise von seinem Erlebnis: „Als ich eines Nachts in Meditation versunken war, geriet ich plötzlich in einen ganz merkwürdigen Zustand. Ich war wie tot. Alles war wie abgeschnitten. Es gab kein Vorher und kein Nachher mehr. Der Gegenstand meiner Meditation und mein Selbst waren verschwunden. Das Einzige, das ich fühlte, war, daß das Innere meines Selbst vollkommen geeint war und erfüllt von allem, was oben und unten und ringsum ist. Ein grenzenloses Licht strahlte in mir. Nach einer Weile kam ich wieder zu mir wie einer, der von den Toten auferstanden ist. Mein Sehen, Hören, Reden, meine Bewegungen und meine Gedanken waren ganz verschieden von dem, was sie bis dahin gewesen waren. Als ich tastend versuchte, an die Wahrheiten der Welt zu denken und den Sinn des Unbegreiflichen zu erfassen, verstand ich alles. Es erschien mir klar und wirklich. Ohne es zu wollen, begann ich, in übergroßer Freude, meine Hände hochzuwerfen und mit den Füßen zu tanzen. Und plötzlich rief ich aus: Eine Million Sutras sind nur wie eine Kerze vor der Sonne. Wunderbar, wirklich wunderbar." – Darauf verfaßte Kosen das folgende Gedicht:

„Ja, wir haben einander lange nicht mehr gesehen,
Konfuzius! Wem soll ich's danken, daß ich
in solch einer Welt dich antreffen durfte?
Doch nein, ich selbst habe mich hier eingeführt."[7]

Meister Dogen sagte: „Shinjindatsuraku Leib und Seele sind mir ausgefallen." Aus neuerer Zeit stammen die Erlebnisberichte, von denen Ph. Kaplleau in „Drei Pfeiler des Zen" berichtet. In letzter Zeit werden auch in Japan kürzere Erlebnisberichte veröffentlicht. Dabei geht es jedoch meistens um die „kleine Erleuchtung". Andere Meister verurteilen solche Veröffentlichungen, weil sie, von

[7] H. Enomiya-Lassalle, Zen-Weg zur Erleuchtung, Freiburg/Br. 1987 (Herderbücherei Nr. 1368), 27.

Anfängern gelesen, zum Hindernis für die Erleuchtung werden können.

Sehr aufschlußreich ist in diesem Zusammenhang das Erlebnis von Ramana Maharshi (1879–1951). Darüber schreibt Le Saux in „Indische Weisheit und Christliche Mystik".

In allen Beschreibungen wird das Phänomen als etwas Neues dargestellt. Ein Japaner nannte es einen „Bewußtseinssprung". In die gleiche Richtung weist die folgende Beschreibung von Thomas Merton über das Eintreten der mystischen Erfahrung: „In diesem Augenblick fällt das Bewußtsein unseres falschen, alltäglichen Selbst von uns ab wie ein schmutziges, von Nässe und Kot beschwertes Kleid. Das tiefere Selbst, das zu tief liegt für die Überlegung und Zergliederung, wird frei und versinkt im Abgrund göttlicher Freiheit und göttlichen Friedens. Nun bleibt keine Anspielung mehr auf das, was in uns, noch weniger auf das, was um uns geschieht. Wir stehen zu tief unter der Oberfläche, auf der die Überlegung vor sich ging."[8]

2.2.3.2 Die psychologische Deutung

Dazu sagt Louis Gardet bezeichnend: „Es handelt sich nicht mehr um einen Abstieg in die innersten Falten der Subjektivität. Es handelt sich im Gegenteil darum, über die als solche gespürte Subjektivität hinauszukommen auf das Absolute zu, für das sie das Zeichen ist. Das Hineinblicken in das Ich, das sich erfährt, die Introspektion, ist eine normale menschliche Erkenntnis, ebenso normal wie die Betrachtung der äußeren Welt. Eine radikale Zurückwendung des Selbst auf sich selbst bewegt sich gerade in der Gegenrichtung zur gewohnten Art der Erkenntnis beim Menschen. Es beginnt erst jenseits der gespürten Bewußtseinszustände, der psychologischen und der morali-

[8] Th. Merton, Aufstieg zur Wahrheit, Zürich–Einsiedeln–Köln 1952, 218; vgl. Enomiya-Lassalle, Zen-Weg zur Erleuchtung, 28f.

schen. Nach der Auffassung der großen Experimentatoren des Selbst ... beginnt der Weg für sie überhaupt erst, nachdem sie über die gewohnten Akte des erfahrbaren Ich hinausgegangen sind und sie hinter sich zurückgelassen haben ... Sicherlich wird die Formung dieser Erfahrung, vor allem aber der Versuch, sie in Begriffe zu spannen, nach Maßgabe bestimmter Voraussetzungen grundverschieden sein – je nachdem z. B. die Existenz eines absoluten Ich angenommen oder abgelehnt wird." [9]

Der Prozeß geht also entgegengesetzt dem diskursiven Denken. Er ist rückläufig bis vor den Anfang des gewöhnlichen Denkens. Da versteht man, daß das diskursive Denken eingestellt werden muß, wenn man zur Erfahrung der eigenen Existenz, zum Satori kommen will. Alles, was auf diesem Wege erworben wurde, muß rückgängig gemacht werden. Alle Etiketten müssen abfallen. Man muß allem absterben, damit ein neues Leben erstehen kann. Die Lehre vom Sterben und Auferstehen ist auch im Buddhismus und speziell im Zen bekannt.

Die hier gegebene psychologische Deutung ist einleuchtend und kann immerhin helfen zu verstehen, worum es bei der Erleuchtung geht. Trotzdem befriedigt sie uns vielleicht nicht in jeder Beziehung. Wir haben tatsächlich heute noch einen anderen Weg, diesem Geschehen auf die Spur zu kommen, nämlich durch die Tiefenpsychologie. Der Gedanke, von dieser neuen Wissenschaft her das Phänomen der Erleuchtung zu untersuchen, liegt nahe. Wir wollen ihn auch nicht abweisen. Aber es wird doch besser sein, diese Untersuchung etwas zurückzustellen. An dieser Stelle würde dies uns zu weit vom Thema des Zen und speziell seiner Erleuchtung ablenken. Ich möchte also die tiefenpsychologische Untersuchung als ein eigenes Thema behandeln, dann aber die Anwendung davon nicht nur auf das Zen, sondern auch

---

[9] L. Gardet, Mystische Erfahrungen in nicht-christlichen Ländern, Colmar 1957, 20ff, 44; vgl. Enomiya-Lassalle, Zen-Weg zur Erleuchtung, 30ff.

auf die christliche Mystik versuchen, denn sie gilt selbstverständlich für beide.

2.2.3.3 *Begriffliche Erklärung*

Eigentlich gibt es keine begriffliche Erklärung der Erleuchtung, denn sie ist überbegrifflich. Wenn wir trotzdem davon sprechen, ist zunächst zu sagen, daß sie keine Einzelerkenntnis ist. In diesem Sinne gesprochen, weiß man nach der Erleuchtung nicht mehr als vorher. Wohl aber weiß man das bereits Gewußte in einer neuen Dimension. Trotzdem sagte ein Zen-Meister, den man fragte, ob man selbst wisse, daß man die Erleuchtung erlangt habe: Selbstverständlich, denn man weiß hundertmal soviel als vorher. Ohne Zweifel wird in der Erleuchtung ein erfahrungsmäßiges Wissen erlangt und nicht ein theoretisches. Das theoretische Wissen kann schon vorher da sein oder auch nicht.

Fragen wir nun: Was wird in der Erleuchtung erfahren? Darauf kann man (wenigstens) zwei Antworten geben:

1. Das Selbst wird erfahren, d. h. das tiefste Selbst im Gegensatz zum empirischen Ich. Dieses kennen wir alle. Wir führen es beständig im Munde. Dieses Ich ist noch nicht der Personenkern. Es ist überhaupt nichts, das in sich existiert. Es ist auch von Anfang gar nicht da. Es entsteht erst allmählich durch die Erfahrung, die der junge Mensch macht. Er wird sich erst langsam bewußt, daß er etwas Verschiedenes ist von anderen Menschen. Das ist der erste Schritt – wenn man so sagen will – zur Bildung der Persönlichkeit. Aber was dem zugrunde liegt und immer da war, hat er damit noch nicht erfahren oder wenigstens nicht unmittelbar. Von dieser Erfahrung kann er höchstens auf das Vorhandensein eines tieferen Selbst schließen. In der Erleuchtung wird man dieses „Selbstes“ inne. Es ist die Erfahrung der Existenz. Unmittelbare Selbstwahrnehmung kann man es auch nennen. Schon seit den Urzeiten der indischen Weisen hören

wir immer wieder die Mahnung, sich zu fragen: Wer bin ich? (Koan). Im Zen gibt es ein Koan, das lautet: Was warest du, bevor deine Eltern geboren waren? Heute sind auch im Westen viele Menschen auf dem Wege zu ihrem Selbst.

Im Buddhismus stoßen wir aber trotzdem mit dieser Erklärung auf eine Schwierigkeit. Es gibt nämlich nach dieser Lehre kein Selbst, weder ein empirisches noch ein tiefstes Selbst. (Über die Meinungsverschiedenheiten in dieser Frage wurde vorher gesprochen.) Wir müssen jedenfalls fragen: Falls es so etwas gar nicht gibt, wie kann man da sagen, daß in der Zen-Erleuchtung das tiefste Selbst erfahren wird? Um auf diese Frage eine Antwort zu finden, müssen wir zunächst die oben angedeutete zweite mögliche Antwort auf die Frage: „Was wird in der Erleuchtung erfahren?“ geben.

2. Das ungeteilte absolute Sein wird erfahren. Dieses Sein kann als apersonal oder als personal erfahren werden. Man wird heute kaum mehr in Frage stellen, daß die Zen-Erleuchtung und ähnliche Erlebnisse in den nichtchristlichen Religionen Erfahrungen dieses Seins sind, wenn auch nicht personal. Wäre es personal, so wäre das gleichbedeutend mit dem persönlichen Gott.

Wie schon Gardet oben andeutet, wird die Formung dieser Erfahrung, vor allem aber der Versuch, sie in Begriffe zu spannen, nach der jeweiligen Weltanschauung verschieden sein. Eine echte mystische Erfahrung sträubt sich gegen jede Begrifflichkeit. Daher wird jeder, der das zu tun versucht, die ihm zur Verfügung stehenden Kategorien zu Hilfe nehmen.

Der Buddhist erfährt in der Erleuchtung zwar das tiefste Selbst, aber als eins mit dem absoluten Sein, und wird dadurch in seinem Glauben an die vollkommene Einheit des Seins bestärkt.

Der Christ oder der sonst an den persönlichen Gott Glaubende erfährt auch das Selbst, aber nicht nur in sich, sondern auch in seiner Beziehung zum absoluten Sein. Er erfährt das Absolute, Gott, in seinem Selbst. Daher geht die christliche Gotteserfahrung über das Selbst.

Beide, der Buddhist und der Christ (Monotheist), fühlen sich in ihrer Erfahrung befreit von Furcht und Zweifel und erfüllt von tiefstem Frieden und höchster Freude. Die Beziehung zum Absoluten ist also in beiden Erfahrungen wesentlich vorhanden. Wir fügen hinzu, daß diese Beziehung existentiell von jeher da ist, auch wenn sie niemals erfahren wird. Der Buddhist ist in diesem Sinne davon überzeugt, daß jeder und alles teilhat an der Buddhanatur, und fordert, daß der Mensch sich dessen bewußt werden müsse, was tatsächlich in der Erleuchtung geschieht.

Es kommt uns hier nicht darauf an, wie diese Beziehung des näheren bezeichnet wird. Es kommt darauf an, daß sie mit dem Menschen bzw. Geschöpfsein gegeben ist. Es ist daher auch nicht zu verwundern, daß die Erleuchtung in ähnlicher Form sich in allen Religionen und zu allen Zeiten, auch heute noch, findet. Als Beispiel kann gelten, was Staehlin über dieses Erlebnis sagt[10].

2.2.3.4 Auswertung und Erleuchtung

Obwohl die Erleuchtung ein einzigartiges und hochwertiges Erlebnis ist, wie das aus dem Gesagten zur Genüge hervorgehen dürfte, ist es für den Buddhisten nicht damit getan, daß er einmal dieses Erlebnis hat. Was fehlt also noch? Zunächst einmal gibt es Unterschiede zwischen diesen Erfahrungen je nach der Tiefe oder Größe. Man spricht von kleinem Satori oder großem Satori und einem dritten wiederholten Satori. Freilich sind diese Unterschiede nicht in vielen Stufen zu denken etwa wie im Yoga mit den Stufen des Samadhi. Das kleine Satori wird meistens zunächst erlangt und von vielen auch nur als einziges, d.h., sie kommen niemals zu einem großen Satori.

---

[10] C. M. Staehlin, Mystische Täuschungen, in: Geist und Leben (1954), Heft 4, 276ff, vgl. Enomiya-Lassalle, Zen-Weg zur Erleuchtung, 39ff (dort auch Zitat von Th. Merton).

Wohl wiederholt sich das kleine ein- oder mehrmals. Das setzt voraus, daß man weiterhin mit Eifer meditiert. Das Satori soll und hat auch eine Auswirkung auf die ethische Vollkommenheit. Gerade das wird heute im Zen stark betont. Es ist nämlich nicht so, daß mit der Erlangung der Erleuchtung der Mensch schon vollkommen sei. Bisweilen hört man (nicht von Zen-Meistern freilich) die Auffassung, daß man erst die Erleuchtung erlangen könne, nachdem man ein vollkommener Mensch geworden sei. Solche Menschen sind dann verwundert, wenn sie bei einem Menschen, der angeblich die Erleuchtung erlangt hat, noch allerlei Fehler und Schwächen entdecken. Wohl erhält man durch das Zazen und besonders die Erleuchtung neue Kräfte, die einem auf dem Wege der Vollkommenheit voranhelfen können. Aber damit sie sich auswirken, muß man fleißig weiterüben. Wenn man das nicht tut, so verblaßt die kleine Erleuchtung, und nach einiger Zeit ist kaum noch eine Wirkung zu spüren.

Anders ist es mit der großen Erleuchtung. Sie geht sehr tief und bleibt unvergeßlich im Gedächtnis haften. Sie bedeutet wirklich eine Umwandlung. Man kann sich den Unterschied zwischen kleiner und großer Erleuchtung etwa so vorstellen: Man sitzt hinter einer undurchsichtigen Glasscheibe und möchte sehen, was draußen ist. Nun bohrt man ein ganz kleines Loch in die Scheibe, vielleicht nicht größer als die Dicke einer Stecknadel. Kommt man ganz durch die Scheibe hindurch, dann dringt ein ganz dünner Lichtstrahl ins Zimmer. Ein einziges Teilchen irgendeines Materials verstopft das Loch, und alles ist wieder dunkel. Übt man weiter das Zazen, so wird das Löchlein allmählich größer, es kommt mehr Licht hinein. Dafür ist besonders die öftere Wiederholung der kleinen Erleuchtung wirksam, aber es geht doch noch recht langsam. Da kann es einmal geschehen, daß die ganze Scheibe hinweggezogen wird und das überhelle Licht frei einströmt. Das ist dann die große Erleuchtung. (Hier könnte die Frage gestellt werden, ob nicht die Scheibe durch beständiges Reiben allmählich und schließlich ganz durchsichtig gemacht werden könnte, als ob sie gar nicht mehr da wäre. Alle Zen-Meister würden das verneinen. Das ist die Auffassung von der plötzlichen Erleuchtung.)

Die letzte und vollkommene Auswirkung der Erleuchtung besteht darin, daß der Mensch vom Absoluten her in allem gelenkt wird. Er steht dann jenseits von Gut und Böse, in dem Sinne, daß er keines Gebotes und keiner Regel mehr bedarf, nach denen er sich ausrichten muß. Wie Konfuzius einmal gesagt hat, braucht er nur dem Zuge seines Herzens zu folgen. Der Buddhist würde das etwa die Harmonie mit dem Kosmos nennen.

In diesem Zusammenhang kommen wir nochmals auf den vorher angedeuteten Prozeß des Personwerdens. Wir sahen, daß der erste Schritt getan ist, wenn das Kind fühlt, daß es etwas Verschiedenes ist von den anderen Menschen. Der zweite Schritt besteht nun darin, daß der junge Mensch, der erwachenden Wißbegierde in jeder Hinsicht folgend, von anderen lernt und dazu seine Erfahrungen macht, bis er schließlich voll ausgewachsen und weiterhin selbständig wird. Er hat eine Familie und seinen Beruf, und nun ist er mit gewissen Einschränkungen ein freier Mensch. Er ist voll und ganz zur Person geworden. Aber eines Tages entdeckt er, daß er doch nicht ganz frei ist – und zwar auch innerlich nicht –, er ist mit tausend Fesseln beengt in seinen Bewegungen, Fesseln, die er sich selbst angelegt hat oder die ihm von den Mitmenschen und der menschlichen Gesellschaft angelegt wurden. Er weiß nicht, was es ist, er fühlt nur, daß ihm irgend etwas fehlt vom vollen Menschen. Aber er weiß nicht, was er tun soll. Er hat sein eigenes Selbst noch nicht gefunden. Er ist noch nicht wahrhaft frei. In dem Augenblick, wo er es erkennt, wird er vor eine große Entscheidung, die größte seines Lebens, gestellt. Er muß alles lassen, was er besitzt und mit viel Mühe sich angeeignet hat. Er muß den mystischen Tod sterben, um wirklich ganz zu leben. Viele Menschen erkennen das, aber finden nicht den Mut, sich zu entschließen. Viele suchen dann einen Ausweg und finden ihn auch – zu ihrem Nachteil – in etwas, das doch nicht das Letzte ist. Aber sie werden nicht glücklich dabei. Bei Japanern kann dieses Gefühl des Fehlens an etwas Wesentlichem schon früh kommen. Es heißt dort ‚mujokan' (Gefühl des Nichtbeständigen von allem). Man sagt manchmal sogar, das sei dem Japaner angeboren (vielleicht Einfluß vom Buddhismus). Besonders junge Leute machen dann oft radikal und schnell ernst damit. Sie unterbrechen ihre Studien und gehen in ein Zen-Kloster, um die Erleuchtung zu erlangen. Aber oft vergehen Jahre, bevor sie das Ziel erreichen, oder sie geben das Bemühen auf und suchen nun einen Beruf. Hätten sie zunächst ihre Studien abgeschlossen, bevor sie in das Zen-Kloster gingen, so wäre das kein Problem. Aber nun ist es für sie sehr schwer, den ihren Fähigkeiten entsprechenden Beruf zu finden, weil die Voraussetzungen fehlen. Zen ist tatsächlich ein Weg, zu dieser letzten Vollendung zu kommen. Auf die Parallele im christlichen Bereich möchten wir später eingehen.

Der ganze Weg des Zen vom Augenblick der Erkenntnis, daß etwas Wesentliches fehlt bis zur Vollendung, ist in den sogenannten zehn Bildern vom Hirten und seinem Rind sinnvoll dargestellt.

Eine letzte Frage, die oft gestellt wird, wie lange es daure, zur Erleuchtung zu kommen, und ob das überhaupt jedem Menschen möglich sei: Letzteres wird von den Zen-Meistern allgemein bejaht. Freilich setzt das voraus, daß man Zeit und Kraft hat, die Zen-Übungen zu machen, und dazu eine gute Leitung hat. Im übrigen hängt es von zwei Dingen ab, nämlich von der Veranlagung und vom persönlichen Einsatz. Manche Menschen kommen verhältnismäßig leicht zu einer kleinen Erleuchtung, andere brauchen selbst dazu trotz großen Eifers lange Zeit oder kommen niemals dazu.

IV.
Zazen und christliche Meditation

In der deutschen Sprache gibt es zwei Wörter für dieselbe Sache, von der hier die Rede ist, nämlich *„Betrachtung“* und *„Meditation“*, während man z. B. im Englischen nur das eine Wort „meditation“ kennt. Der Gebrauch des Wortes Meditation ist im Deutschen verhältnismäßig neu. Man sprach bis vor nicht langer Zeit immer nur von Betrachtung. Es gab viele Betrachtungsbücher, aber von Meditationsbüchern hat man wohl kaum gehört. Tatsächlich meint man nicht dasselbe, wenn man von Betrachtung oder Meditation spricht. Das Wort Meditation hat einen neuen Sinn bekommen. Man spricht viel von östlicher Meditation, nicht aber von östlicher Betrachtung. Spricht man von Betrachtung, so denkt man zunächst an eine religiöse Übung. Das ist heute gar nicht selbstverständlich, wenn man von Meditation redet. Meditation wird auch in der Therapie als Heilmittel benutzt. Wichtiger noch ist, daß man bei dem Wort Betrachtung eine ganz bestimmte Art religiöser Übung meint, nämlich, daß man dabei über einen Gegenstand, eine Glaubenswahrheit oder einen Schrifttext nachdenkt. Das ist keineswegs so selbstverständlich, wenn man von Meditation spricht. Manchmal trifft es zu, manchmal auch nicht. Daß die Bedeutung dieser beiden Wörter nicht klar voneinander geschieden ist, ist oft verwirrend. Wir möchten bei diesem Gespräch jedoch nach Möglichkeit Unklarheiten vermeiden und wollen uns auf folgendes einigen:

Wenn wir von *„Meditation“* sprechen, verstehen wir darunter religiöse Meditation und nicht Therapie. Und zwar meinen wir eine Meditation, die trotzdem nicht über einen Gegenstand, auch keinen religiösen nachdenkt. Das Wort „*Betrachtung*" dagegen schließt in unserem Zusammenhang nicht nur das religiöse Moment ein, sondern auch, daß sie dadurch betätigt wird, daß man über einen religiösen Gegenstand nachdenkt oder daß sie in anderem Sinne einen Gegenstand hat. Vieles, was hier gesagt wird, trifft für beide Termini zu.

Das Thema „Zazen und christliche Meditation" hat nicht nur theoretische Bedeutung. Es wird auch sehr praktisch, wenn es darum geht, ob Zazen auch als christliche Meditation verwendet werden kann. Es ist eine brennende Frage für viele gläubige Christen, die schon Zen-Übungen machen oder es tun möchten, um auf diesem Wege zu einer tieferen Meditation und tieferem Gebet zu kommen. Wir werden diesen Gesichtspunkt denn auch in den folgenden Ausführungen entsprechend berücksichtigen.

Es ist eine weit verbreitete Meinung, daß es in der christlichen Spiritualität nur eine Betrachtung gäbe, die einen Gegenstand benutzt (gegenständliche Betrachtung), und daß es so etwas wie eine Meditation ohne einen Gegenstand (übergegenständliche Meditation) christlicherseits nicht gäbe. Wie wir bald sehen werden, ist diese Auffassung nicht richtig. Wohl ist sie typisch für den Westen mit seiner Leistungsgesellschaft. Es wurde schon davor gewarnt, das Wesen einer Religion mit der von dieser beeinflußten Kultur oder Zivilisation zu verwechseln. Leider ist jene Meinung, christliche Meditation sei immer gegenständlich, selbst unter Christen so weit verbreitet, daß sie auch von Nicht-Christen als selbstverständlich angesehen wird. Die Zen-Mönche z. B. lehnen deswegen eine Wortbildung wie Zen-Meditation als mit dem Zen unvereinbar ab. Das Wort Zazen enthält zwar auch das Element Meditation, denn Zen heißt ja, wie wir gesehen haben, ursprünglich (vom indischen „Dhyana" her gesehen) Meditation. Aber einerseits ist man sich dessen nicht mehr klar bewußt, andererseits kommt das „Za“ hinzu, das „Sitzen“ heißt. Za-Zen ist also: Sitz-Meditation. Das Sitzen ist dabei wichtiger als der Gegenstand. Damit ist der Unterschied technisch klar unterschieden von der christlichen Meditation oder Betrachtung.

Wir werden jedoch sehen, daß es auch im Christentum eine übergegenständliche Meditation gibt und auch schon immer gegeben hat. Immerhin ist es eine Tatsache, daß, wenn man von christlicher Betrachtung oder Meditation spricht, an eine Übung denkt, bei der man über eine Glaubenswahrheit oder einen Schrifttext oder sonst einen religiösen Gegenstand nachdenkt, darüber reflektiert und auf diese Weise neue Erkenntnisse gewinnt oder solche, die man bereits besitzt, erweitert und vertieft. Weiterhin folgen dann normalerweise Anwendungen auf das eigene religiöse Leben und was immer damit zusammenhängt (eigentlich alles bei einem Christen, der ganz christlich sein will). Dementsprechend werden Entschlüsse gefaßt, und man bittet dann Gott um seine Gnadenhilfe. Aber nicht nur am Schluß, sondern durch das Ganze zieht sich eine Begegnung mit Gott, die mehr oder weniger ausdrücklich sein kann.

Wenn man diese Art der Betrachtung mit dem Zazen vergleicht, findet man allerdings erhebliche Unterschiede zwischen beiden. Schon was Körperhaltung und Atmung betrifft, besteht ein Unterschied insofern als dafür in der christlichen Betrachtung keine strengen Vorschriften bestehen, was aber wohl im Zen der Fall ist. Wichtiger noch ist der Unterschied in der inneren Haltung, insofern als beim Zazen weder willentlich über etwas nachgedacht wird noch Entschlüsse gefaßt werden. Das Ich soll nach Möglichkeit passiv sein. – Auch hören wir im Zen nichts von einem Zwiegespräch mit Gott.

Zazen ist auch nicht „intentional“, wenigstens nicht unmittelbar, wie das meistens bei der christlichen Betrachtung der Fall ist. Die christliche Betrachtung ist intentional, d.h., sie verfolgt einen (unmittelbaren) Zweck. Sie überdenkt, meditiert eine Glaubenswahrheit, einen Schrifttext oder sonst etwas, um diese besser zu verstehen, vielleicht auch Zweifel zu beseitigen und sie sich zu eigen zu machen, sozusagen sich einzuverleiben, so daß sie auch im täglichen Leben lebendig ist und der Christ aus ihr heraus lebt[1].

Die Zen-Meditation ist gewiß nicht in dieser Form intentional; denn während der Meditation wird nichts gedacht und nichts gewollt. Trotzdem hat mir ein sehr angesehener Zen-Meister (Genshu Watanabe) gesagt, das Zazen sei dazu da, die (Buddha-)Lehre einzuverleiben. Zazen ist nicht Flucht in die Versenkung. Sie hat gewiß einen Zweck und eine Aufgabe und ist in diesem Sinne auch intentional. Aber sie verfolgt diesen Zweck nicht durch Denken, sondern durch Nicht-Denken, um es ganz kurz zu formulieren. Nach dem, was vorher gesagt wurde, bedarf es an dieser Stelle keiner Erläuterung mehr[2].

Daß die diskursive Betrachtung nicht genügt, um sich die Wahrheit ganz zu eigen zu machen, haben wir schon bei der Besprechung der „Einsicht" oder intuitiven Erkenntniskraft als einer Wirkung des Zazen dargelegt. Wir haben daraus den Schluß gezogen, daß die Betrachtung früher oder später in die Meditation im eigentlichen Sinne, nämlich übergegenständliche oder intuitive Meditation übergehen müsse. Davon wußte und sprach man auch in der christlichen Spiritualität schon immer, sobald das Gebiet der Mystik in Frage kam. Dieses Gebiet ist seit langer Zeit als ein verschlossenes Paradies betrachtet worden: Eintritt verboten! Achtung Fußfesseln! Nur auf eigene Gefahr! Solche und ähnliche Schilder hingen da am Eingang. Manches hat sich gewandelt oder ist im Begriff, es zu tun. Aber was eigentlich Mystik ist, darüber ist man sich keineswegs einig. Im Bewußtsein des westlichen

---

[1] Vgl. J. Sudbrack, Meditation – Theorie und Praxis, Würzburg ²1972.
[2] Vgl. dazu: Enomiya-Lassalle, Zen unter Christen, Graz–Wien–Köln ²1974.

Menschen ist Mystik ein dunkler und nebelhafter Zustand, dessen Erfahrungen keine zuverlässige oder allgemein gültige Erkenntnisse bieten können. Innerhalb der katholischen Kirche ist freilich trotz allem der „mystische Strom" ununterbrochen, wenn auch nur wenigen Menschen bewußt weitergeflossen. Das Hauptverdienst an dieser Tatsache haben zweifellos die kontemplativen Orden. Neuerdings hört man auch wieder die Stimmen, die in ein anderes Extrem schlagen. Sie sagen, jeder Mensch sei Mystiker, und das um so mehr, wenn er Christ ist, der im „Stande der Gnade" ist. Carl Albrecht hat versucht, einen Begriff der Mystik zu umreißen, der nicht nur gültig ist für jede christliche Mystik, sondern auch die nichtchristliche Mystik einschließt. Darauf werden wir noch zu sprechen kommen. Wir setzen hier einen Begriff von Mystik voraus, der bisher bezüglich der christlichen Mystiker stillschweigend vorausgesetzt wurde.

Der Weg von der gegenständlichen Betrachtung zur übergegenständlichen Meditation, der schon immer in der christlichen Spiritualität als eine Fortführung zur Mystik hin gelehrt wurde, ist kurz folgender: Nachdem man sich geraume Zeit in der Betrachtung des Lebens Christi und der Evangelien geübt hat, soll man die Verstandestätigkeit mehr und mehr einschränken und anstatt dessen die Tätigkeit des Willens intensivieren. Konkret heißt das, daß die Betrachtung mehr zu einem Gespräch mit Gott wird oder die Form von Stoßgebeten annimmt. Der nächste Schritt ist dann der, daß die Tätigkeit des Willens vereinfacht wird, in dem Sinne, daß nicht mehr viele aufeinander folgende Akte erweckt werden, sondern ein einziger Akt (Affekt) auf Gott hin längere Zeit angehalten wird. Es ist gewissermaßen ein Blick oder eine Stimmung, die auf Gott gerichtet sind. Wenn die Betrachtung bis dahin fortschreitet, ist sie schon zur Meditation geworden. Das Bewußtsein ist vereinheitlicht, wie wir es bei der Beschreibung des Zanmai erklärt haben (Augustin Baker). Von da ist es nicht mehr weit zum Gebet der Sammlung und Ruhe, die uns als Vorstufen zur Mystik bekannt sind.

Die Haltung bei dieser Art des Gebetes ist nicht mehr gegenständlich in dem Sinne, daß man über etwas nachdenkt wie bei der Betrachtung. Versucht man es doch zu tun, so würde die Vereinheitlichung des Bewußtseins auseinanderfallen. Diese Gebetsweisen werden auch unvollkommene Beschauung genannt. Die geistlichen Lehrer haben im Gebet der Sammlung immer ein Zeichen gesehen, daß jemand zur (eingegossenen „übernatürlichen") eigentlichen Beschauung „berufen" ist, oder besser gesagt (da man heute eher sagen würde, daß jeder Mensch unter Gottes Gnade diese Berufung hat), Aussicht hat, dazu zu kommen. Sie haben solchen Menschen daher den Rat gegeben, die gegenständliche Betrachtung endgültig aufzugeben und sich anstatt dessen nach innen zu kehren und sich ruhig zu verhalten. Diese Haltung ist der beim Zazen (Shikantaza) mindestens sehr ähnlich. Der geistige Blick ist einfach nach innen gerichtet. Das also ist der christliche Weg zu einem einfachen tiefen Gebet. Problematisch wird dabei oft der Übergang von der Betrachtung mit Gegenstand zur Meditation ohne „Betrachtungsgegenstand". Die Einschränkung der Verstandestätigkeit kommt schon von selbst nach einiger Zeit. Aber zu einem länger andauernden Affekt im obigen Sinne zu kommen will oft nicht gelingen und ist durch einen Willensentschluß allein gar nicht möglich. Wenn wir uns erinnern an das, was wir von dem Organ, in dem die geistigen Gefühle geboren und nicht gemacht werden, versteht sich das von selbst. Man wird vielleicht sagen, daß das durch eine Gnade geschehen müsse, die von Gott gegeben werden müsse. Aber ist das wirklich alles, was dazu gesagt werden kann?

Viele Menschen üben eine Zeitlang, mit viel Erfolg sogar, die gegenständliche Betrachtung. Aber nach einiger Zeit trocknet sie sozusagen aus. Sie kommt nicht mehr an. Versucht man dann eine rein affektive Betrachtung bzw. Meditation zu machen, so geht das bisweilen auch ganz gut. Aber vielleicht noch öfter gelingt es nicht. Sucht man es trotzdem mit dem Willen zu erzwingen, so geht es vielleicht auch einige Zeit. Aber eines Tages kommt einem dieses Erzwingen unnatürlich vor, und man wird irre an seinem Entschluß. Was hier erzwungen wird, sollte von selbst geschehen. Es kann eben nicht erzwungen werden. Es gibt – räumlich ausgedrückt – einen geistigen Ort (Bewußtseinszustand), wo das von selbst geschieht oder wenigstens geschehen kann. Wenn es gelingt, an diesen Ort zu kommen, dann ist die Situation anders. Dann werden solche Gefühle gegeben. Sie kommen von innen her. Und falls sie nicht kommen – was auch sein kann –, dann ist die andere Alternative nicht eine Menge von Zerstreuungen oder Langeweile und auch nicht Leerlauf. Wer Erfahrung im Zanmai hat, weiß das. Die Zeit geht schneller vorbei, als wenn er über etwas nachdenkt. Die innere Haltung ist dann ein Blick in die Dunkelheit, was nicht gleichbedeutend ist mit einer Betrachtung der Dunkelheit. Johannes vom Kreuz nennt diese Haltung „dunkele Beschauung". Er sagt davon, daß sich in der Dunkelheit ein Licht befindet, das aber die Seele nicht wahrnimmt, weil sie noch nicht genügend gereinigt ist. Ein anderer Autor nennt dieses Dunkel das Nichts (wie man es auch im Zen nennen würde) und sagt, daß dieses nicht dunkel, sondern ein so helles Licht sei, daß die Seele geblendet würde, wenn sie hineinschaute, wie wenn man mit bloßem Auge in die Sonne schaut.

Zen ist ein Weg, der zu jenem Ort hinführt. Es benutzt dazu die natürlichen Kräfte des Menschen, eine bestimmte Körperhaltung, entsprechende Atmung und stellt das Denken ab. Wenn das so nicht gelingt, werden Konzentration auf den Atem oder ein Koan zu Hilfe genommen. Auch das sind natürliche Mittel, die an sich jedem Menschen zur Verfügung stehen und nicht an irgendeinem religiösen Glauben, auch nicht an Buddhismus gebunden sind. Sie können dabei auch von einem Christen angewandt werden, ohne daß er mit seinen religiösen Auffassungen in Widerspruch gerät. Für den westlichen Menschen (nicht weil er Christ ist) entstehen besondere Schwierigkeiten mit der Körperhaltung und freilich auch mit der geistigen Haltung, weil die westliche Kultur überwiegend rational und dualistisch ist, ein Element, das ihm in letzter Zeit selbst seinen Glauben schwergemacht hat.

Was geschieht, nachdem der Mensch an diesen Ort der tiefen Sammlung oder des Zanmai kommt, hängt zum großen Teil von seiner inneren Disposition ab, wie wir das z. B. von den unterschiedlichen Erscheinungen beim Zen und beim Jesusgebet festgestellt haben. Es wird ja nicht von dem Meditierenden bestimmt, da sein Ich passiv ist. Wenn das Unbewußte christlich ist, so wirkt sich diese Meditation im christlichen Sinne aus. Daher kann ein Christ wieder zu seinem verlorenen Gottesglauben und sogar zur eigentlichen Gotteserfahrung über den Weg des Zen kommen.

Doch bleibt für den Christen in den meisten Fällen die Frage, zu welchem Zeitpunkt er den Schritt zur übergegenständlichen Meditation tun soll, gleich ob er das in der Form des Zen oder in einer anderen vollzieht. Wir sagen in den „meisten Fällen“, weil nicht alle Menschen, auch wenn sie Christen sind, mit der gegenständlichen Betrachtung beginnen können und sollen. Im übrigen aber gibt es gewisse Kennzeichen, aus denen man schließen kann, daß die Zeit für den Wechsel gekommen ist. Nach Johannes vom Kreuz sind es drei:

1. Die Betrachtung wird schwierig. Wenn man sich dazu zwingt, findet man kaum Geschmack daran. Dabei ist allerdings zunächst festzustellen, ob nicht Müdigkeit oder andere hinreichende Gründe für dieses Versagen vorliegen.

2. Man spürt kein Verlangen mehr, seine Betrachtung auf Einzelobjekte zu richten, welcher Art sie auch sein mögen. – Die beiden ersten Kennzeichen sind negativer Art und genügen allein nicht.

Daher muß 3. ein positives Zeichen hinzukommen,

nämlich: Die Seele findet Freude daran, in liebender Aufmerksamkeit auf Gott, allein zu sein, ohne besondere Erwägungen anzustellen.

Ein solcher Mensch hat das Gefühl, sich von Gott zu entfernen, anstatt ihm näher zu kommen, wenn er sich zwingt oder sich bemüht, über irgend etwas nachzudenken, selbst wenn es Gott betrifft. Nach dem vorher Gesagten ist dies eigentlich selbstverständlich. Denn damit verliert er jene Einheit, in der allein er Gott unmittelbar berühren kann.

An einer anderen Stelle sagt Johannes vom Kreuz, daß man nicht von der gegenständlichen Betrachtung abgehen solle, solange man Trost darin finde: denn das sei ein Zeichen dafür, daß Gott einem auf diesem Wege Gnade geben wolle. Gleichzeitig betont er aber doch wieder, daß das nicht für immer sein dürfe. Er sagt: „Wo dies jedoch außer acht gelassen wird, geraten manche geistliche Seelen auf Irrwege ... Dabei quälen sie sich ab und finden doch sehr wenig oder keinen Genuß ...“ [3] Von Johannes Tauler, dessen einzig großes Anliegen die „Kehre“ (nach innen) war, soll später noch eigens die Rede sein. Kurz erwähnt sei auch Hugo von St. Victor. Er spricht – wohl in Anlehnung an Plotin – von drei Augen, die der Mensch vom Schöpfer erhalten hat, das sinnliche Auge, das die äußeren Dinge wahrnimmt, das Auge des Verstandes, das die geistigen, und das Auge der Kontemplation, das die göttlichen Dinge erfaßt. Das erste sei trotz der Sünde erhalten geblieben, das zweite aber verdunkelt und das Auge der Beschauung vollkommen erblindet. Es geht also darum, daß dieses wieder sehend gemacht wird [4].

Hier könnte man fragen: Sollte man also als Christ nicht mit dem Zazen beginnen, bevor die obigen Kennzei-

---

[3] Johannes vom Kreuz, Aufstieg zum Karmel, München–Regensburg [3]1937, 127f, vgl. Enomiya-Lassalle, Zen und christliche Mystik, Freiburg/Br. 1986, 416f.

[4] Enomiya-Lassalle, Zen und christliche Mystik, 287.

chen für den Wechsel von der Betrachtung zur Meditation gekommen ist? Da wird ja das Denken eingestellt. Darauf ist folgendes zu antworten: Man kann das Zazen in zweifacher Weise benutzen:

1. als Vorbereitung für die christliche Betrachtung,
2. als christliche Meditation, also anstelle der bisherigen Betrachtung.

Die erste Weise kann man jederzeit beginnen. Das kann in der Form geschehen, daß man vor der gewohnten Betrachtung fünf bis zehn Minuten Zazen macht, so wie es vorgeschrieben ist mit Haltung und Atmung und dem Bemühen, während dieser Zeit innerlich ganz ruhig zu sein, ohne an etwas Bestimmtes zu denken. Dabei kann man, wenn man will, auch die Konzentration auf den Atem zu Hilfe nehmen. Ein Koan dagegen paßt nicht gut, es sei denn in Ausnahmefällen. Das hilft, zu einer gewissen Ruhe und Sammlung zu kommen, die für jede Art von Betrachtung oder Meditation nützlich, wenn nicht sogar notwendig ist. Andererseits ist gerade diese Einstimmung für die Betrachtung für den heute so gehetzten Menschen schwierig geworden. Fühlt man das Verlangen, diese vorbereitende Zen-Übung länger fortzusetzen als oben angegeben wurde, besteht keine Schwierigkeit, das zu tun. Doch sollte man das nun auch wieder nicht unbedingt wollen. Kommt die Zeit, daß man mit dem besten Willen nicht mehr „betrachten" kann, dann sollte man die innere Haltung des Nicht-Denkens oder des Nichts durchhalten, gleich ob es gut geht oder schlecht. Dann ist das andere nur noch eine Frage der Ausdauer.

Nun besteht aber auch noch die Möglichkeit, die Betrachtung (noch in etwa gegenständlich) so umzugestalten, daß sie ihrer Struktur nach der Zen-Meditation näherkommt. Dafür gibt es mehrere Weisen, von denen einige kurz angedeutet werden sollen.

1. Man versucht, mit dem Gegenstand der Betrachtung eins zu werden, sich damit zu identifizieren. Ich mache z. B. eine Betrachtung über das Gleichnis vom verlorenen Sohn. Dann sage ich mir, daß ich selbst dieser junge Mann bin oder war, der da gesichert und begnadigt im Hause seines Vaters lebte, dann aber unzufrieden war, mehr Freiheit wollte und schließlich von Hause fortging. Vielleicht habe ich mich auch einmal so oder in irgendeiner Weise von Gott getrennt und bin Dingen nachgegangen, die eben nicht gerade die besten waren. Weiterhin bin ich derjenige, der erkennt, daß ich aufbrechen und ganz zum Vater zurückgehen muß, obwohl es mir schwerfällt. Bei dieser Art der Betrachtung bin ich eben nicht ein dritter, der zuschaut, sondern eine handelnde Person in dem, was vorgeht. Identifizierung mit dem Gegenstand ist schon ein Element östlicher Meditation.

2. Man nimmt ein Schriftwort, das einen besonders angesprochen hat, wie wenn es nur für einen selbst gesagt worden wäre. Aber man denkt nicht darüber nach, analysiert es nicht auf seinen Sinn, sondern läßt es in den Grund, die Tiefen der Seele einsinken ohne Reflexion und Entschlüsse, wenigstens vorläufig. Dieses Vorangehen kann viel fruchtbarer sein als das Nachdenken über das gleiche Wort.

3. Man bemüht sich von vornherein, das Bewußtsein zu entleeren. Ist das geschehen, so können von innen her, vom Unbewußten, allerlei „Bilder" (nicht notwendigerweise in Form von Erscheinungen) auftauchen. Wer Leben und Leiden Jesu viel betrachtet hat, wird dann vielleicht manches neu erleben, das er früher einmal gnadenhaft während der Betrachtung bekommen hat. Wenn das geschieht, dann soll er diese „Bilder" nicht abweisen, sondern sich auf sie einlassen, so lange es ihm gefällt. Dabei kann ihm vieles gegeben werden. (Dies ist vielleicht der eigentliche Sinn der „Anwendung der Sinne", von der Ignatius von Loyola in seinen Exerzitien spricht. Er konnte das vielleicht nicht so klar aussprechen, ohne wie-

der einmal mit der Inquisition „ins Gespräch" zu kommen.) Nun muß man allerdings bei dieser Art des Vorangehens bei dem, was aus dem Unbewußten ankommt, gut unterscheiden, ob es gut ist oder nicht. Es kann nämlich auch nichts Gutes ankommen. In diesem Fall kann sich einlassen eine Gefahr bedeuten für beides, Glauben und Sittlichkeit. Hier muß die Unterscheidung der Geister zur Anwendung kommen, von der auch wieder Ignatius ausdrücklich spricht. Das Neue in dieser Methode ist, daß man den Gegenstand seiner Betrachtung nicht von außen heranholt, sondern von innen aus dem eigenen Grund empfängt. Da ist freilich der Ausdruck Betrachtung nicht mehr recht am Platze. Hier sollten wir von Meditation sprechen. Was dieses Neue anbetrifft, so trifft sich diese Art der Meditation insofern mit der Zen-Meditation, als nichts von außen herangeholt wird. Sie weicht aber noch davon ab, insofern als Zen eben alles, was kommt, auch von innen, gleich ob gut oder nicht, ablehnt. Daher ist hier auch keine Untersuchung nach Art der Unterscheidung der Geister nötig.

4. Ein Wort über das Jesusgebet. Man wird oft gefragt, ob man das Jesusgebet, das gegenwärtig (wie es scheint) auch im Westen ziemlich verbreitet ist, mit dem Zazen verbinden kann. Es ist also nicht als Übergang zum Zazen (im weiteren Sinne: zur übergegenständlichen Meditation) gedacht, sondern als Kombination. Dabei handelt es sich meistens um Leute, die das Jesusgebet üben und darin auch eine wertvolle Hilfe für ihr religiöses Leben finden, sich aber auch vom Zen angezogen fühlen. – Man kann natürlich das Jesusgebet auch üben in der Haltung des Zazen. Aufs Wesen gesehen kommen sich technisch Jesusgebet und Zazen sehr nahe. Man meint auch, daß die Technik des Jesusgebetes, abgesehen natürlich von seinem christlichen Inhalt, von Ostasien stammt. Es gibt aber doch manche Unterschiede in Haltung, Atmung und natürlich in der dabei beständig wiederholten Formel: „Herr Jesus Christus – Erbarme dich meiner" (oder einer

längeren Formel) im Atemrhythmus. – Es gibt in Japan eine Kombination von Zazen und „Nenbutsu", d. h. beständiger Wiederholung einer Anrufung (Lobpreises) des Amidha-Buddha oder der Lotus-Sutra. Andererseits kann man mit dem Jesusgebet höchstwahrscheinlich als Christ auch alles erlangen, was einem das Zen geben kann und in gewissem Sinne auch noch mehr. Das große mystische Erlebnis im Jesusgebet, das Taborlicht, ist ein unzweifelhaft, ja sogar trugfreies (C. Albrecht) christliches Erlebnis Gottes. Freilich scheint es sehr selten zu sein und kann kaum erlangt werden, ohne daß man sich vollkommen von der Welt zurückzieht, wie es die Einsiedler auf dem Athos tun. Dagegen besteht für die Zen-Erleuchtung auch Aussicht, wenn man seinen Beruf ausübt. Abgesehen von diesen letzten Erfahrungen ist es Sache des einzelnen, welches von beiden er wählt oder ob er eine Kombination beider vorzieht.

Welche von den ersten drei Möglichkeiten als Zwischenstadien benützt werden, dürfte auch vom einzelnen abhängen. Jedenfalls kann man das Zazen als Vorbereitung, d. h. unmittelbar von der gewöhnlichen Betrachtung für einige Minuten geübt, jederzeit beginnen. Es hat dann auch den Vorteil, daß man sich an den Sitz und die Atmung gewöhnt, solange die Glieder noch jung und biegsam sind. Je älter man wird, desto schwieriger ist das. Ist die Zeit gekommen, das Zazen als christliche Meditation zu benützen, so wird das Zazen von selbst christliche Meditation, sobald man tief in das Zanmai kommt, sofern man eben gläubiger Christ ist und habituell auf Gott und Christus ausgerichtet ist. Das Zanmai wird die dunkle Beschauung oder Gebet der Sammlung oder der Ruhe. Wenn man sich in dieser Lage von innen her angetrieben fühlt, sich bewußt auf Gott zu richten, zu beten, so ist das jederzeit auch richtig, diesem Drang zu folgen; denn es ist Teil der Vereinigung mit Gott, zu der wir kommen möchten.

Wir haben bisher nicht ohne Grund das Wort „Gnade"

nicht erwähnt. Das könnte den Eindruck erweckt haben, als ob alles nur Sache des Menschen sei, was da geschieht oder geschehen könnte. Das ist nicht so gemeint. Die Absicht dieses Schweigens war, zunächst einmal festzustellen, was wir selbst tun können, um zu einem tieferen Gebet zu kommen. Gebet und Meditation sind dann für einen Christen auch nicht mehr verschiedene Sachen. Schon immer wird ja die christliche Betrachtung oder Meditation als eine Art Gebet (oratio mentalis) angesehen. Im übrigen ist es nach christlicher Auffassung selbstverständlich, daß bei allem ernsten Bemühen um Gebet oder Meditation auch die Gnade eine große Rolle spielt, die wir übrigens auch Nicht-Christen keineswegs absprechen. Das gilt daher auch, wenn wir das Zazen als christliche Meditation üben. Wir sind dafür sogar mehr als bei der gegenständlichen Betrachtung geöffnet. Es ist ja der Bewußtseinszustand, der normalerweise für die mystische Erfahrung die Voraussetzung ist, wie das Johannes vom Kreuz überzeugend begründet hat. Deshalb sagt er uns, daß wir uns auf keinerlei Einzelerkenntnisse, und wären es auch Visionen, die von Gott kommen, einlassen dürfen. Er sagt wörtlich: „Der Grund liegt darin, daß alle die genannten Formen sich ... bei ihrer Wahrnehmung stets in irgendeiner beschränkten Art und Weise offenbaren. Die göttliche Weisheit dagegen, mit der sich der Verstand vermählen soll, kennt keine Art und Weise und ist erhaben über jede Schranke einer bestimmten Einzelerkenntnis; denn sie ist durch und durch lauter und einfach.“[5]

C. Albrecht sagt dasselbe in seiner Weise, wenn er schreibt: „Die Reihe abnehmbarer Bildfähigkeit ist der Reihe zunehmender Präsenz gleichzusetzen! Die Reihe zunehmender Bildausprägung ist der Reihe abnehmbarer Präsenz gleichzusetzen.“[6]

---

[5] Aufstieg zum Karmel, 152.
[6] C. Albrecht, Das mystische Erkennen, Bremen 1958, 197, 208.

Der Vollständigkeit halber sei noch kurz die Möglichkeit erwähnt, die im Zen viel benutzten Koan in einem christlich gewordenen Zazen anzuwenden. Man könnte auch christliche Koan schaffen. Es gibt doch Glaubenswahrheiten, die geoffenbart sind, aber niemals mit der Vernunft allein verstanden werden können. Das gleiche gilt von manchen Stellen aus der Bibel.

V.

Psychologische Interpretation der mystischen Erfahrung nach Carl Albrecht

Carl Albrecht (1902–1965) studierte Geschichte, Nationalökonomie, Philosophie und Psychologie an den Universitäten in Leipzig und Heidelberg. Später ging er zur Medizin über und promovierte in Hamburg. Er war als Arzt (Therapeut) in Bremen tätig. Er hat uns zwei wertvolle Bücher hinterlassen: „Psychologie des mystischen Bewußtseins" und „Das mystische Erkennen"[1]. Er praktizierte selbst das Autogene Training als Meditation und benützte dieselbe für seine Arztpraxis. Da er selbst Wissenschaftler war und gleichzeitig tiefe Erfahrungen (wie es scheint mystischer Art im vollen Sinne) in der Meditation machte, wurde für ihn die Synthese von Wissenschaft und Mystik zum Problem. Er fühlte sich berufen, die Mystik vor der Wissenschaft zu „rechtfertigen". Das Ergebnis dieses Bemühens hat er in den beiden genannten Büchern niedergelegt. Seine Angaben stützen sich auf seine eigenen Erfahrungen und die seiner Patienten. Dazu kamen die ihm bekannten Erfahrungen der großen Mystiker und einiger Personen aus neuerer Zeit. Auch hat er die Erfahrungen nicht-christlicher Religionen herangezogen.

Um zu seinem Zweck zu kommen, mußte er das Geschehen in der mystischen Erfahrung in einer Weise darstellen, die von jeder Philosophie, Weltanschauung oder Religion unvoreingenommen war. Das konnte kaum anders geschehen als auf dem Wege einer phänomenologischen Untersuchung. Er sagt darüber: „Unter verschiede-

[1] Bremen 1951 und 1958.

nen möglichen Wegen schien mir die psychologische Phänomenologie am besten zu gewährleisten, daß das Ziel, eine wissenschaftliche Erhellung des mystischen Phänomens zu gewinnen, auch erreicht wurde. In dem gegenwärtigen Zeitbewußtsein ist das Phänomen Mystik nur als Zerrbild enthalten. Es sollte erwiesen werden, daß die mystische Versunkenheit ein überklarer und gesunder Bewußtseinszustand ist. Der Begriff der Innenschau mußte erarbeitet werden, und die phänomenologische Scheidung zwischen einem Abkommenden aus der Selbstsphäre und einem ankommenden Umfassenden mußte vollzogen werden, um eine Grundlage zu schaffen für philosophische Fragestellungen, seien diese erkenntnistheoretischer oder metaphysischer Art." [2]

Aber auch die phänomenologische Darstellung ist noch problematisch, insofern als der, welcher solche Erfahrungen gemacht hat, sich täuschen kann, wenn er versucht, post factum über sein Erlebnis zu berichten. Es kann leicht vorkommen, daß sich eigene Reflexionen oder Interpretationen einschleichen, ohne daß er es will oder sich dessen bewußt ist. Erfahrungsgemäß geschieht das sogar häufig bei solchen Berichten über die eigenen Erfahrungen. Es war also für eine Untersuchung, die vor der Wissenschaft standhalten soll, notwendig, womöglich einen Weg zu finden, der jeden Irrtum in der Wiedergabe der Erlebnisse ausschaltet.

Das hat Albrecht getan dadurch, daß er den Erlebenden während der Versenkung oder Versunkenheit gleichzeitig mit dem Erlebnis dieses selbst in Worte kleiden ließ. Wohl bemerkt, das geschah und mußte geschehen ohne eigene Reflexion. Das konnte auch nicht anders sein, weil der Meditierende im Augenblick einer Reflexion aus der Versenkung oder Versunkenheit (Zen: aus dem Zanmai) herausgeglitten wäre. Der Prozeß wäre augenblicklich zum

---

[2] Psychologie des mystischen Bewußtseins, 258.

Stillstand gekommen, wenigstens im 2. Stadium der Versenkung und der Versunkenheit von Anfang an. Die Situation war bei der Methode, die Albrecht anwandte, tatsächlich so, daß sich der Sprecher zwar bewußt war, daß er sprach, aber nicht dessen, was er sprach. Erst nach der Rückkehr ins Wach-Bewußtsein konnte er den Zusammenhang seiner Worte erkennen, wenn sie ihm jemand vorlegte, der sie mitgeschrieben hatte. Als eine weitere Garantie für die Echtheit der Wiedergabe des Erlebnisses kann die Tatsache angesehen werden, daß das „mystische Wort" immer erst gefunden wurde, nachdem das adäquate Wort dafür gefunden war, so daß sich manchmal lange Perioden des Schweigens einschalteten. Es ist wohl kein Zweifel, daß auf diese Weise die Trugfreiheit in hohem Maße gesichert war. Daß so etwas möglich ist, dürfte von der Tiefenpsychologie her gesehen wohl nicht bezweifelt werden. Albrecht hat leider die von ihm angewandte Methode nicht schriftlich hinterlassen. In seinen Büchern ist keine Rede davon. Darum gebeten, hat er es abgelehnt mit der Begründung, daß dann die Gefahr bestände, daß jemand dasselbe versuchen würde ohne eine entsprechende Leitung eines Fachmanns, was mit Gefahren verbunden sei.

Machen wir uns nun noch etwas besser mit der Terminologie Albrechts bekannt, als wir es bisher getan haben, bevor wir auf die Ergebnisse seiner Untersuchungen eingehen. Der Weg vom sogenannten wachen Bewußtsein zu jenem Bewußtsein, in dem normalerweise die mystischen Erfahrungen stattfinden, wird Versenkung genannt. Es wurde schon gesagt, daß dazu eine „Herauslösung aus der Umwelt", eine „Entleerung des Bewußtseinsraums" und eine „Vereinheitlichung des Bewußtseins" (A. Baker) stattfindet. Außerdem müssen „alle überkommenen Theorien, psychologische Konstruktionen, alle bloßen Bedeutungen und Beurteilungen beiseite gelassen werden"[3].

[3] Psychologie, 47 f.

Der Endzustand der Versenkung (tiefe Sammlung, tiefes Zanmai) wird bei Albrecht „Versunkenheit" genannt. Versenkung und Versunkenheit sowie die anderen Termini bei Albrecht sind an keine Weltanschauung gebunden. Den Grund kennen wir. Wenn man den Versenkungsweg antritt, ist man noch eine Zeitlang bewußt und gewollt tätig. Aber allmählich nimmt das ab, und schließlich hört es ganz auf. Albrecht sagt: Auf der ersten Stufe der Versenkung finden wir in großer Zahl Bewußtseinsvorgänge und Bewußtseinsinhalte, die den Charakter von Denkvorgängen haben und als störend empfunden werden. Die zweite Stufe enthält einen Bewußtseinszustand, der schon in großem Maße vereinheitlicht ausgerichtet ist. Es gibt keine Störungserlebnisse mehr. Das Denken ist weitgehend stillgelegt, d. h., es gibt keine Gedankenreihen, keine gerichteten Denkverläufe mehr. Sie sind entbehrlich geworden[4].

Die Meditation ist eben nicht nur durch Denkvorgänge zu charakterisieren. In der Versunkenheit selbst ist überhaupt kein konzentrierter Akt mehr. Trotzdem hat der meditative Verlauf durchaus ein Gefüge: Er ist auf einen Gegenstand gerichtet, aber anders als bei der gegenständlichen Meditation. „Die Richtung des seinerseits determinierten Meditationsverlaufes ist von selbst gegeben und nicht gewählt worden. In einem unmittelbaren gefühlsmäßigen Inneren bejaht das Ich diesen ablaufenden Vorgang der Meditation."[5] Dieser letzte Satz bekommt christliches Gepräge, wenn wir daran denken, daß Jan van Ruysbroeck sagte, jedes Geschöpf habe einen Drang zu seinem Ursprung, in dem allein es seine Ruhe findet. Ähnliche Stellen finden wir bei Tauler.

Kommen wir auf Albrecht zurück: Im Versenkungsverlauf findet eine allmähliche Umformung des Bewußtseins statt, d. h., das Wachbewußtsein wird desintegriert und

---

[4] Ebd.
[5] Ebd. 57.

geht allmählich über in ein tieferes Bewußtsein, in das Bewußtsein der Versunkenheit. Es handelt sich also um eine Umformung des Bewußtseins, nicht aber um die Abwesenheit jeglichen Bewußtseins.

Das Ich wird immer mehr ausgeformt für rezeptive, passive Erlebnisweisen. Es kommt „in eine einheitliche Offenheit, die im alltäglichen Wachbewußtsein zerspalten und verstellt ist[6]. (Jedes Wort ist hier wichtig.) Das mag den Eindruck erwecken, als ob das Ich verschwunden sei. Aber de facto löst es sich nicht auf. Es scheint nur so, weil es von jedem Gegenstand frei ist. „Es ist erhoben in die übergroße Klarheit des Bewußtseins.“[7] Es ist einfach geworden und zu einem schauenden Ich, mit einer Klarheit, wie sie im alltäglichen Bewußtsein gar nicht möglich ist. Daher ist es richtig, daß die Versunkenheit der klarste Zustand des menschlichen Bewußtseins ist. Das ist eigentlich selbstverständlich, obwohl es uns vielleicht zunächst überrascht hat. Aber wenn aus diesem Zustand heraus, als normale Voraussetzung, die höchsten Erfahrungen und Erkenntnisse, nämlich die mystischen erlangt oder gegeben werden, muß dieser Bewußtseinszustand doch wohl der hochwertigste sein.

Weiterhin: Es ist schließlich nur ein „reines Zumutesein“. Die Ruhe wird anfangs noch als Gegenstand empfunden. Dann „saugt ihre Zuständigkeit diesen gegenständlichen Bereich immer mehr in sich ein“[8]. Das Ich wird „dem Erlebnis einer Objekt-Subjekt-Spannung enthoben“. Es löst sich auf als ein Ich, das stets einem Etwas gegenübersteht und von irgendeinem bestimmt wird. Phänomenologisch verschwindet das Ich. (Es ist daher nicht zu verwundern, daß der Buddhist in dieser Erfahrung eine Bestätigung seiner Weltanschauung, der Alleinheit nämlich, sieht.)

---

[6] Ebd.
[7] Ebd.
[8] Ebd.

Hiermit sind wir bereits beim Versunkenheitsbewußtsein, das wir nun nach Albrecht folgendermaßen definieren können: „Die Versunkenheit ist ein vollintegrierter, überklarer und entleerter Bewußtseinszustand, dessen Erlebnisstrom verlangsamt ist, dessen Grundstimmung die Ruhe ist und dem als einzige Funktion eines nur passiv erlebenden Ich die Innenschau zugeordnet ist."[9] Wenn also der Zustand der Versunkenheit erlangt ist, kann immer auch die Innenschau in Kraft treten. Das dritte Auge ist geöffnet.

Der größeren Klarheit wegen gehen wir an, was Albrecht von der Innenschau sagt: Sie „ist eine Schau in die Dunkelheit, aber nicht eine Schau des Dunkels. Sie ist eine Schau, in der nichts gesehen wird, aber nicht eine Schau des Nichts. Denn in der Dunkelheit, in die hinein geschaut wird, und im Vorgang eines Nichtsehens ist gleichzeitig und immer die mystische Präsenz enthalten."[10] Denken wir an die dunkle Beschauung bei Johannes vom Kreuz.

Bezeichnend bringt Albrecht die hier waltende Situation mit folgenden Worten zum Ausdruck: „Es besteht eine unheimliche und faszinierende Diskrepanz zwischen der totalen Gegenstandslosigkeit eines Hinschauens und dem unbezweifelbaren Wissen, daß in dieser unzugänglichen und verschließenden Dunkelheit, auf die der Schauende starrt, die ganze Fülle des Gesuchten angekommen und real wirklich anwesend ist. In dieser kaum umspannbaren Gegensätzlichkeit zweier Erlebnispole ist der eigentliche Kerngehalt der mystischen bildlosen Schau ausgesprochen."[11] Aus dem Gesagten ergibt sich klar – und das ist sehr wichtig für unsere Untersuchung –, daß Gott, obwohl oder weil man nicht willentlich an ihn denkt, in dieser zutiefst christlichen Meditationshaltung zugegen ist, und zwar in einem viel erhabeneren Sinn, als wenn wir ihn in

---

[9] Ebd. 106.
[10] Das mystische Erkennen, 213.
[11] Ebd. 207.

unseren Gedanken hegen. Damit dürfte die Situation des Versunkenheitsbewußtseins (tiefe Sammlung, Zanmai) einigermaßen durchsichtig geworden sein.

Die nächste Frage ist nun: Was geschieht oder kann geschehen, nachdem die „Leere" (die eigentlich eine Fülle ist) hergestellt ist. Diese Frage wurde mir schon oft gestellt. Wir wollen sehen, was C. Albrecht darauf antwortet.

Wir haben schon wiederholt gesagt, daß damit sozusagen die natürliche Voraussetzung gegeben ist für die mystische Erfahrung und ebenso für die Zen-Erleuchtung. Aber was uns zunächst interessiert, ist die Frage: Was geschieht oder kann geschehen, wenn die höchste Erfahrung noch nicht kommt? Albrecht spricht hier vom „mystischen Ankommenden". Damit ist jedoch noch keine mystische Erfahrung im strengen Sinne gemeint. Man kann es wohl mystisch nennen, im Gegensatz zu dem, was im Wachbewußtsein ankommen kann, von dem jetzt nicht mehr die Rede ist. Hier geht es um etwas, das normalerweise im Wachbewußtsein eben nicht ankommt. Von dem Ankommenden, wie es hier gemeint ist, sagt Albrecht: „Ein mystisch Ankommendes wird im Versunkenheitsbewußtsein immer in klarer Gegenüberstellung zur Innenschau stehen. Das Erlebnisschema des Versunkenheitsbewußtseins ist also in Hinsicht auf ein mystisches Erlebnis das Schema der Begegnung."[12] Das überrascht uns vielleicht, weil kurz vorher gesagt wurde, daß das Ich „dem Erlebnis einer Objekt-Subjekt-Spaltung" enthoben sei. Für die Praxis braucht uns das freilich, soweit das Zen in Frage kommt, nicht zu stören, da dort alles abgelehnt wird, wenn es nicht das höchste Erlebnis, die Erleuchtung ist. Jedenfalls kann aber verschiedenes ankommen, das noch nicht das Letzte ist. Albrecht unterscheidet elf verschiedene Formen des Ankommens. Bevor wir über dieselben sprechen, möge hier noch ein

---

[12] Psychologie des mystischen Bewußtseins, 206.

Wort, wie oben angedeutet, über die Aufhebung der Objekt-Subjekt-Spaltung bzw. den Verlust des Ich-Bewußtseins gesagt werden. Albrecht zählt drei Aspekte auf, nach denen dieser Übergang geschehen kann:

1. Das Bewußtsein des Ich wird in zunehmender Weise vermindert.
2. Es wird durch das Ankommende überwältigt oder überflutet.
3. Die Unterscheidungsmöglichkeit zwischen Ich und Gegenstand der Innenschau geht verloren im Überschwang einer übermächtigen Zustandserfahrung oder eines alles in eins fassenden Zumuteseins, sei es in der Wonne des Einsseins, des totalen Schmerzes oder der ewigen, randlosen Ruhe.

Diese sehr präzisen Angaben zeigen, wie gewagt es ist, von dem Gefühl einer vollkommenen Einheit auf eine seinsmäßige vollkommene Einheit zu schließen.

Nun zu den Formen des Ankommens. Da ist zunächst zu unterscheiden zwischen dem, was aus der Ichsphäre kommt, und dem, was aus einer ganz anderen Sphäre kommt. Von den oben angedeuteten elf Formen kommen acht aus der Ichsphäre und drei aus der ganz anderen.

Die ersten acht Formen sind folgende: *Bildstreifenerlebnis, antwortendes Fühlen, Metaphorik, Symbolik,* der *somatische Anfall,* das *Selbstverstehen, Intuition* und *Sprache*[13].

---

[13] Bildstreifenerlebnis: das wie ein Film aus der durch das antwortende Fühlen noch ungestörten Ruhe heraus angeschaut wird. *Antwortendes Fühlen:* das unmittelbar als die Form erlebt wird, in der sich das Ankommende zuerst ausprägt, wobei das Versunkenheits-Ich in Überklarheit die Ankunft an seinen eigenen Zuständlichkeits-Änderungen gegenständlich erfaßt. die *metaphorische* Form des Ankommenden: die sich als Gegenstand der Innenschau darbietet. *Symbolik:* in dem ein ankommendes Abgespaltenes im Bewußtsein in Erscheinung treten kann. Der *somatische* Anfall: der den in Ruhe, Klarheit und Schau ausgerichteten Menschen unerwartet, urplötzlich überfällt, eine Art von Besessenheitserfahrung in einem epilepsieähnlichen Anfall, nach dessen Ablauf die Innenschau in Überklarheit auf die Erlebnisketten ausgerichtet ist, die den Anfall begleitet haben. Das *Selbstverstehen:* gefügter Erinnerungsbereich, der in Form eines schauenden Selbstverstehens erfaßt wird. *Intuition:* als unmittelbar sich einstellende Evidenz. *Sprache:* Erscheinungsform der Sprache.

Es ist zu bemerken, daß fühlendes, symbolisches, metaphorisches Erleben, denkendes Selbstverstehen und Intuition individuell und mannigfaltig zu einer einheitlichen Gesamtform der Innenschau zusammengefügt sind. Jeder Mensch hat seine eigene Form des Ankommens.

Nun die drei Formen des Ankommenden, das aus der ganz anderen Sphäre kommt. Zunächst ist zu sagen, daß dieses Ankommende ein Umfassendes genannt wird, d. h.: „Ein Ankommendes wird ein Umfassendes genannt, wenn es von dem Versunkenen so erlebt wird, als ob es ein aus fremder Sphäre herkommendes, schlechthin letztes unerkanntes Sein sei, auf dessen ganzheitliche Einheit alle vergangenen, gegenwärtigen und zukünftigen Erlebnisgehalte in unerkennbarer Weise Bezug haben."[14] Die drei hier zu nennenden Formen sind:

1. Die *unanschauliche Gewißheit von der Anwesenheit des personal Umfassenden* – das sich phänomenologisch vom Ankommen aller anderen außerbewußten Ganzheiten klar unterscheidet als „die unanschauliche Bewußtheit von der Anwesenheit des Er".
2. Das innere *Hören und Lauschen* auf auditiv erfaßbare Tonfolgen oder Einsprachen.
3. Die *Leibwahrnehmung*, die für die Erklärung der psychosomatischen Begleiterscheinungen mystischen Erlebens von Bedeutung sein könnte.

Es ist übrigens nicht unwahrscheinlich, daß noch andere Formen des Ankommens aus den hier genannten elf entdeckt werden. Nach diesen Darlegungen ergibt sich auch, was in der Terminologie Albrechts Mystik ist: „Mystik ist das Ankommen eines Umfassenden im Versunkenheitsbewußtsein." Diese Definition will jedoch nicht besagen, daß außerhalb des Versunkenheitsbewußtseins keine echte mystische Erfahrung gemacht werden können. Die Einschränkung auf das Versunkenheitsbewußtsein wurde

[14] Psychologie, 218.

gemacht, weil nur dort die phänomenologische Untersuchung durchgeführt werden kann. Ganz unmöglich ist das z. B. im ekstatischen Bewußtsein.

Das Umfassende (Absolute) kann nun apersonal oder personal erfahren werden. Allerdings gibt es viele Mischungen bzw. Möglichkeiten beider bzw. zwischen diesen beiden Polen. Von der christlichen Mystik her kennen wir nur oder fast nur die personale Weise. Sie ist Gotteserfahrung im Sinne des persönlichen Gottes. Das ist nun aber in den höchsten (mystischen) Erfahrungen der nichtchristlichen Religionen (besser: nicht-monotheistischen) nicht so. Sie sind apersonaler Natur. In früheren Zeiten hat man christlicherseits ähnliche Erfahrungen anderer Religionen oft als pseudomystisch betrachtet, d. h. ihnen den Echtheits-Charakter abgesprochen. Das ist heute nicht mehr so; denn wir können vernünftigerweise nicht mehr bezweifeln, daß es auch dort echte Erfahrungen des (absoluten) Seins gibt. Carl Albrecht sagt z. B. von der Zen-Erleuchtung, daß sie „ohne Zweifel ein Phänomen echter, reiner, unmittelbarer, erfahrungsmäßiger Erfassung des Umfassenden ist“ [15]. Er sagt auch, daß die Unterscheidung zwischen beiden Erfahrungen in ausreichender Klarheit durchgeführt werden kann, „da die dem Umfassenden anhaftende apersonale oder personale Erlebnisqualität erstens immer in Evidenz und Klarheit bewußt ist, und zweitens derart bedeutungsschwer für den Erlebenden ist, daß das antwortende Fühlen völlig unterschiedlich abläuft. Das Ankommen eines personalen Umfassenden ist eine Begegnung mit einem Du, das nicht nur eine sich auswirkende, sondern eine von sich aus handelnde Wesenheit ist, die als Person mit dem versunkenen Ich umgeht. Das Ich wird nicht nur betroffen, sondern es wird angeredet, aufgerufen, mit Verantwortung belastet,

---

[15] Das mystische Erkennen, 48.

bewertet und geliebt ... Der personale Bezug haftet diesen Erlebnisgehalten unlösbar und mit Evidenz an."[16]

Der Mystiker wird der Anwesenheit bewußt in seinem Herzen (Seelengrund). Aber es ist eine unanschauliche Bewußtheit, an der jedoch nicht gezweifelt werden kann. Es ist eine „intellektuelle Vision", wie man in der mystischen Theologie sagt. Diese Erfahrung ist das Kernerlebnis in der christlichen Mystik. Alle anderen Phänomene, Visionen, Absprachen usw. werden als akzidentell und nicht wesentlich betrachtet.

Trotzdem ist im übrigen die Stellung zu diesen Phänomenen im Christentum verschieden von der im Zen. Sie werden dort allgemein als „Makyo" (Bereich der Geister) abgelehnt. Sie haben dort sozusagen keinen theologischen Ort, weil sie eine Person voraussetzen, die sie bewirkt. Der personale Charakter wird aber im Zen abgelehnt. In der christlichen Mystik ist das bekanntlich anders. Sie können auch dort aus der Ichsphäre kommen. Aber es ist auch möglich, daß sie eine Erfahrung des Umfassenden (Gottes) einschließen oder sonstwie von Gott kommen. Man muß also im Einzelfall zusehen, welches ihre Ursache ist. Dafür gibt es viele Möglichkeiten. Zur Illustration möge folgendes dienen: „Eine Christusvision kann eine Halluzination sein, etwa ein gesehenes Anschauungsbild, sie kann eine in den krankhaften Bereichen hineingehörende Trugwahrnehmung sein, sie kann ein aus der Phantasie und Inbrunst der Betrachtung entstandener Bildgehalt der Schau sein, also ein aus der Selbstsphäre ankommendes metaphorisches Gebilde, sie kann auch ein Archetyp im Sinne C. G. Jungs sein, sie kann grundsätzlich sogar zeitlich rücklaufendes Hellsehen sein. Sie kann aber auch ein mystisch eingewirktes Bild, und sie kann endlich ein echtes mystisches Erscheinungsbild sein."[17]

---

[16] Psychologie des mystischen Bewußtseins, 241 ff.
[17] Das mystische Erkennen, 69.

„Mystisches Erscheinungsbild“ soll heißen, daß die Vision unlösbar mit einem erfahrungsmäßigen Wissen von der Präsenz des Umfassenden verbunden ist. Dabei gibt sich das Numen, erlebnismäßig gesehen, kund, indem es im Bild erscheint. Dagegen bedeutet „mystisch eingewirktes Bild“ (der vorletzte Fall), daß die Vision die Wirkung einer mystischen Erfahrung ist. Offenbar sind diese Phänomene in viel höherem Maße truggefährdet, als das Bewußtwerden der Anwesenheit Gottes im Seelengrund.

Aus der Geschichte der Mystik sind verschiedene Arten der Gotteserfahrung bekannt, die auch heute noch vorkommen. Darunter sind besonders die Lichterscheinungen zu erwähnen. Bekannt sind das kosmische Licht, das Licht der Hesychasten, Taborlicht genannt, und das Licht der Erleuchtung oder mystisches Licht, von dem die heilige Theresia und andere Mystiker sprechen. (Das kosmische Licht ist nach Albrecht keine mystische Lichtschau[18].) Das Taborlicht ist geschautes Erscheinungsbild des Umfassenden. Wie man sagt, teilt es sich auch dem Körper mit, so daß dieser strahlt. Die Strahlung wird freilich nicht von allen Menschen wahrgenommen. Die Schau mystischen Lichtes ist „gegen den Trug gefeit wie kaum eine andere mystische Erfahrungsweise. Hierauf gründet sich die Auffassung, daß das Licht die echteste Erscheinungsgestalt des Umfassenden ist.“[19] Es sei hier erinnert an die Richtlinie: „Die Reihe abnehmender Bildhaftigkeit ist der Reihe zunehmender Präsenz gleichzusetzen. Die Reihe zunehmender Bildhaftigkeit ist der Reihe abnehmender Präsenz gleichzusetzen.“[20]

Zur personalen Mystik ist noch zu sagen, daß es innerhalb des christlichen Bereiches keine mystische Begegnung gibt mit dem Umfassenden ohne ein stetiges Gegenwärtig-Haben des im Glauben gewonnenen Wis-

---

[18] Vgl. Erkennen, 122, These 34.
[19] Ebd. 297.
[20] Ebd. 222.

sens, daß das begegnende „Es“ ein „Er“ ist. Es ist also durchaus berechtigt, die Frage zu stellen, ob das „Er“ in der mystischen Begegnung erfahren oder sogar erschaut werden kann, oder aber, ob es immer und von jeher eine Denkungs- und Auffassungskategorie ist. „Der phänomenologische Umschlagspunkt von der apersonalen zur personalen Wesensstruktur des Umfassenden liegt gerade da, wo das ‚Er‘ als ein Washeitselement des mystischen Präsenten erfahren wird.“ [21]

Die hier aufgeworfene Frage spielt eine bedeutende Rolle im Gespräch mit den nicht-christlichen Religionen Asiens. Für das Einander-näher-Kommen ist hier eine bisher unüberwindliche Grenze gesetzt. Bis an diese Grenze kommen Christentum und Buddhismus z. B. in vielem weitgehend überein. Aber dann „scheiden sich die Geister“. Es geht eben gerade um die Frage, ob die letzte und absolute Wirklichkeit personal oder apersonal ist. Es lohnt sich wohl, kurz auf die Frage einzugehen, soweit sie die mystische Erfahrung betrifft. (Auf die theologische Frage können wir hier nicht eingehen.) Albrecht sagt dazu: „Die apersonale Mystik hat, wenn sie den Erlebnisbereich der personalen Mystik nicht als echten Erfahrungsbereich anerkennen will, darzutun, auf Grund welcher Kriterien sie einen solch großen Teil mystischer Wirkungen aus dem Gesamtgefühl ausgliedern will.“ [22] Von christlicher Seite ist folgendes dazu zu sagen: „Das mystische Werkgefüge ist ein Gesamt, dessen sinnvolle Einheit unverkennbar ist. Das Ineinander von nur personal zu verstehenden Momenten mit den auch apersonal zu deutenden ist nicht summenhaft zusammengebracht. Die Einheit ist widerspruchsfrei, ihre Glieder sind lückenlos aufeinander bezogen und tragen sich gegenseitig. Diese Sinnhaftigkeit erschüttert den Erfahrenden. Aus ihr fließt ein evidentes Wissen um die Echtheit. Jede Untertei-

[21] Ebd. 196.
[22] Ebd. 244.

lung des einheitlichen Werkgefüges erscheint als willkürlicher Akt. Die kritische Frage stellt sich, von der personalen Mystik her gesehen, folgendermaßen: Entweder ist das gesamte Werkgefüge unecht oder es ist echt. Jede unterteilende, unterschiedliche Bewertung widerspricht den Phänomenen der Einheitlichkeit und eindeutigen Sinnhaftigkeit."[23]

Die großen Meister des Ostens werden heute ebenso wenig behaupten, daß das Gesamt der christlichen mystischen Erfahrung unecht ist, wie wir das bezüglich der Erfahrung der nicht-christlichen Religionen tun.

Wohl besteht noch die Frage, welche von beiden, die apersonale oder die personale, das Primäre ist. Darauf antwortet Albrecht in folgender Weise: „In seiner nackten Allgemeinheit gemeint, ohne jede Färbung durch das Washeitselement des ‚Wirkens', ist es ein begegnendes ‚Es', dessen Präsenz erfahren ist und von dessen Wesen lediglich gewußt wird, daß es jenseits der Erkennbarkeit liegt. Dieses Wissen fällt mit einer unerschütterlichen Evidenz ein."[24] Das ist anders bei der personalen Präsenzerfassung und erst recht bei Visionen und Ansprachen. An anderer Stelle wird über die reine Präsenzerfassung gesagt: „In der Präsenz entfällt demgemäß jede Trugmöglichkeit, die in einer fehlerhaften Erfassung der Washeitselemente wurzeln kann."[25]

Demnach ist also die apersonale Erfahrung des Absoluten das Primäre. Damit ist natürlich die schon vorher gestellte Frage, ob die apersonale oder die personale Erfahrung die letzte oder vollkommenste ist, nicht entschieden. Dazu könnte man vielleicht vom christlichen Standpunkt folgendes sagen: Nach der übereinstimmenden Meinung der Zen-Meister kann theoretisch jeder Mensch mit seinen natürlichen Kräften die Erleuchtung

---

[23] Ebd. 244 f.
[24] Ebd. 240.
[25] Ebd. 283.

erlangen. Vorausgesetzt wird dabei natürlich, daß diese Kräfte ganz und richtig eingesetzt werden. Ebenso einstimmig war bisher die Auffassung der christlichen Mystiker, daß die christliche personale Gotteserfahrung, Mystik im strengen Sinne, nur durch die Hilfe der Gnade möglich sei. Das würde bedeuten, daß die christliche mystische Erfahrung in diesem Sinne über die apersonale Erfahrung des Seins hinaus geht. Jan van Ruysbruck, der sich in Verbindung mit den mystischen Erfahrungen der Beginen befaßt hat, sagt uns, daß man mit Hilfe des „natürlichen Lichtes" zur vollkommenen Nacktheit des Geistes und zum echten Schauen kommen könne. Damit sind Erfahrungen gemeint, die nach den Worten desselben Verfassers den echten mystischen Erfahrungen so ähnlich seien wie zwei Haare desselben Hauptes. Dann aber fährt er fort und sagt, daß sich Gott in seiner Fülle nur durch die Gnade des Heiligen Geistes mitteile.

Wir haben in den obigen Ausführungen die apersonale und personale Erfahrung des Absoluten besprochen und miteinander verglichen. Es wäre jedoch ein Irrtum zu meinen, daß diese beiden Erfahrungen nur in reiner Form vorkämen. Es sind gewissermaßen zwei Pole, zwischen denen zahlreiche Erfahrungen liegen, die weder die eine noch die andere in reinster Form darstellen. Damit stoßen wir auf das weite Gebiet des mystischen „Spürens". Dabei geht es nicht um ein Vorfeld der mystischen Erfahrungen, sondern um Erfahrungen, die möglicherweise schon echte mystische Phänomene darstellen. Es ist vielmehr so, daß der Erfahrende noch nicht weiß, ob es sich um einen echten Gegenstand mystischer Erfahrung handelt oder um einen Gehalt seiner Phantasie. Das Spüren ist „hochgradig durchflutet von antwortendem Fühlen. Das im einzelnen noch nicht erfaßbare dunkle Ereignis des mystischen Ankommens und Nahebeistehens gründet einen Bezug des Fühlens, in welchem Erregung, Erwartung und Bedrängnis eng zusammenhängen mit den spezifisch numinösen

Gefühlsgehalten. Es ist ein Spüren der Präsenz."[26] Der phänomenologische Kern ist die unanschauliche Bewußtheit von der Anwesenheit des „Es". Zusammenfassend sagt Albrecht: „Das Spüren ist der tragende und speisende Grund, aus welchem die einzelnen Erfahrungsweisen sich erst abhebend herauslösen. Das Spüren ist nicht nur Grund, aus dem diese herkommen. Es ist auch die alle mystische Einzelerfahrung umhüllende und begleitende Urerfahrung."[27]

Es ist wohl kein Zweifel, daß viele tiefreligiöse Menschen bis in dieses Gebiet kommen, besonders, wenn sie tiefere Art Meditation üben und dort auch echte mystische Erfahrungen haben, auch wenn sie vielleicht selbst nicht wissen, daß es sich um solche handelt. Es gibt auch eine Dämmerung, die nach dem tiefsten Dunkel der Nacht des Geistes (Johannes vom Kreuz) auftritt, bevor der volle Tag anbricht.

---

[26] Das mystische Erkennen, 232.
[27] Ebd. 233.

VI.

Zen-Meditation in Europa

Protokoll eines Zen-Symposions
Zusammengestellt von Ruth Seubert

Unter diesem Arbeitstitel lud *Günter Stachel* katholische und evangelische Theologen zusammen mit Multiplikatoren der Zen-Meditation zu einem Symposion in das Benediktiker-Priorat St. Jakobsberg bei Bingen ein. *Ruth Seubert* hat nach dem Tonbandmitschnitt der dort geführten Gespräche ein „Protokoll" angefertigt.

Anlaß zu dieser Zusammenkunft gab die Ehrenpromotion des deutschen Jesuiten, Pater Hugo Enomiya-Lassalle, durch den Katholischen Theologischen Fachbereich der Johannes-Gutenberg-Universität Mainz.

P. Lassalle hat durch seine Gründung des Zen-Zentrums in Tokio und durch seine Zen-Kurse in Deutschland die Übung des Zazen aus der japanischen Kultur und der buddhistischen Religion in das europäische Christentum eingewurzelt.

Um ihn versammelten sich nun 19 Damen und Herren, unter ihnen Ordensleute und Laien, katholische und evangelische Christen, Fachtheologen und Erfahrene im Zazen, zum Erfahrungsaustausch und zur theoretischen Klärung des Zazen.

Als Moderator gab Günter Stachel drei Schwerpunkte für die Diskussion:

1. Wo und auf welche Weise wird bei uns im Stile des Zen meditiert?
2. Wie interpretieren bzw. kritisieren wir europäische Christen die Übung des Zazen?
3. Wie wirkt sich das Zazen auf den christlichen Beter und Liturgen aus?

Die Antwort auf diese Fragen waren beeinflußt durch folgende Umstände:

1. Alle anwesenden Kursleiter waren katholische Christen. Vor ihrer Begegnung mit Zen waren sie mit anderen Meditationsweisen bereits bekannt geworden: mit Yoga oder dem autogenen Training, mit der transzendentalen Meditation nach Maharishi Mahesh Yogi, mit der christlichen Betrachtung während der spirituellen Ausbildung im Priesterseminar oder im Orden.

2. Entscheidend für die Übernahme der Zen-Meditation war bei allen die eigene Erfahrung im Zazen, in das sie zuerst von P. Lassalle oder Graf Dürckheim eingeführt wurden.

Gegenüber den bekannten Meditationsweisen zeichnete sich Zazen vor allem in der methodischen Klarheit aus, mit der der ganze Mensch von der Körperhaltung her in die geistige Aufmerksamkeit geführt wird. Spontan ereigneten sich auch die spirituelle Vertiefung des theologisch Gewußten, obwohl Zazen das Bewußtsein entleert von jeglichen Denkinhalten.

3. Aus dieser positiven Eigenerfahrung heraus haben Schüler von Lassalle und Dürckheim sehr bald ihren Erfahrungsweg durch einfache Anleitung zum Sitzen weitergegeben. Diese ersten spontanen Vermittlungsversuche in privaten Kreisen liegen heute einige Jahre zurück. Inzwischen ist die Multiplikatorenschulung für Zazen-Kurse zu einem erstrangigen Problem angewachsen. Das Interesse an der Einführung in Zen-Meditation nimmt zu.

1. Wo und auf welche Weise wird bei uns im Stile des Zazen meditiert?

1.1 Die Übungstechnik des Zazen

(Vgl. auch S. 25–40 in diesem Buch.)

Zum besseren Verständnis dessen, was die Kursleiter zum Ort und der Art und Weise der Zen-Einführung berichteten, möchte ich zunächst das Zazen als Übungstechnik kurz beschreiben. Diese Kenntnis war im Austausch der Symposionsteilnehmer vorausgesetzt.

„Zen“ heißt in seiner chinesischen Übertragung „Ch'an“, wie auch in dem indischen Ursprungswort „dhyana“ einfach „Versenkung“, wie auch das japanische Wort „Zen“ wörtlich sagt.

„Zazen“ beschreibt die *Methode* des Meditierens: das „Sitzen“. Die Art und Weise zu sitzen ist präzise festgelegt. Der Übende sitzt auf dem Boden auf einer 6–10 cm hohen festen Unterlage, so daß das Becken immer höher als die Knie auf der Unterlage aufruht. Der rechte Fuß liegt auf dem linken Oberschenkel mit der Fußsohle nach oben gerichtet. Dieser „Hanka“-Sitz wird von Geübteren noch in den „Kekka“-Sitz erweitert, wobei beide Füße auf den gegenüberliegenden Oberbeinen ruhen. Aus diesem sehr stabilen Bodensitz richtet sich der Oberkörper kerzengerade auf, so daß Wirbelsäule und Hinterkopf, Nabel und Nasenspitze im Lot übereinanderstehen. Die offene linke Hand ruht so in der rechten, daß sich die Daumenspitzen wie die Zungen einer Waage berühren. Die Augen bleiben halb geöffnet und sind etwa 1–2 m vor dem Meditierenden auf den Boden gerichtet.

Sinn dieser Leibeshaltung ist es, das physische Gleichgewicht mühelos ohne jede Muskelanstrengung auch während 30–60 Minuten zu halten. Die körperliche Ruhigstellung erleichtert wesentlich die allmähliche Beruhigung der Sinne und des überlegenden Verstandes bis hin zu einem Nullpunkt totalen Schweigens. Aus der Entlastung von jedem bewußten Inhalt erweitern sich die

Wahrnehmungsfähigkeiten von der zugreifenden, definierenden Aktivität in die offene Weite, um vorurteilsfrei zuzulassen, was immer aus dem Unbewußten aufsteigen will. Sich für eine bestimmte Übungszeit in diese innere Verfassung zu bringen, das ist Zazen. Regelmäßig geübt, bringt Zazen eine Umstrukturierung des Bewußtseins mit sich.

Zunächst aber geht es um die technische Erlernung der Sitzübung. Das Sitzen selbst ist der eigentliche Ausbildungsweg. Unsere Kurse in Europa stehen an der Stelle des japanischen Sesshin, einer siebentägigen intensiven Übungszeit im Zazen.

Später wird eine eingehende Beschreibung des Sesshin noch folgen. Für jetzt soll nur klar sein, daß im japanischen Sesshin das meditative Sitzen an sich von den Übenden bereits als gut und richtig angesehen wird. Hier in Europa muß diese Voraussetzung erst geschaffen werden. Der Kursleiter gibt nicht nur die praktische Anweisung zum Sitzen, sondern ordnet diese Übung auch psychologisch, theologisch, philosophisch in den Denkhorizont eines europäischen Christen ein.

Diese *beiden Grundelemente, die praktische und theoretische Einführung,* konstituieren in allen Berichten die Meditationskurse im Stile des Zen.

1.2 Die Berichte der Kursleiter

1.2.1 Der Interessentenkreis

Das Angebot richtet sich an Erwachsene jeder Berufsart bis zu 80jährigen Pensionären. Das Bedürfnis nach der Kraft aus der Stille ist allen Interessenten gemeinsam.

Ihre Hoffnungen richten sich auf psychische Beruhigung in der intellektuellen, emotionalen, motorischen Überforderung unseres Alltags, auf Bewußtseinserweiterung in Richtung Sinnerfahrung des Lebens und auf spirituelle Vertiefung.

Die Einführung für Erwachsene erfolgt im Wesentlichen in Form eines Einführungskurses in öffentlichen Tagungsstätten und Klöstern. Vorformen der Einübung in das meditative Schweigen werden bereits mit 4–6jährigen Kindern, mit Schülern und Jugendlichen praktiziert.

Noch selten geschieht diese Einführung innerhalb des normalen „Lehrbetriebes" durch den zuständigen Pädagogen. Doch nehmen die Erfahrungsberichte von Kindergärten, Schulen, Universitätsseminaren zu.

In geistlichen Schulungsgemeinschaften, so im Noviziat eines Frauen-Karmel, in einem Benediktinerkonvent, an einem Priesterseminar ist die Zazen-Übung bereits in den gewöhnlichen Tagesverlauf integriert. Diese Entwicklung hat sich aus den Kurserfahrungen einzelner Mitglieder dieser Gemeinschaft entwickelt. Das Interesse nach Einführung in das Zazen kommt nicht nur von einzelnen, sondern geht heute hier in Deutschland, wie auch in Japan, von Betrieben der Industrie, der Verwaltung und des Managements aus.

Meditation im Übungsweg des Zazen ist bekannt geworden als Psychohygiene, z. T. als Psychotherapie, und als religiöser Erfahrungsweg.

1.2.2 Kursarten

Entsprechend der Vorerfahrungen und der Zielvorstellungen der Kursteilnehmer haben sich verschiedene Einführungsstile entwickelt, die noch einmal durch die Einschätzung der Kursleiter geprägt werden.

1. So suchen einige wenige Kursleiter eine möglichst enge Angleichung an das japanische Zazen. Sie vermitteln ohne hinführende Anpassung direkt reinrassiges Zazen. Für sie gilt: Der steilste Weg ist der kürzeste.

2. Die meisten bauen einen weniger anstrengenden Anfahrtsweg zum eigentlichen Zazen vor. Sie möchten dem europäischen Lebensgefühl, dem westlichen Denken entgegenkommen. Die praktische Sitzübung wird durch Yoga und Eutonie oder ähnliche Übungen vorbereitet

und begleitet, die Bewußtseinsleere nicht direkt, sondern über vereinfachende Vorstellungen angestrebt.

3. Eine dritte kleine Gruppe will nicht eigentlich zum Zazen anleiten, wohl aber Elemente des Zazen in den Kursverlauf einbauen. Hier sollen vor allem die Übergänge von Schweigen und Sprechen, Nachdenken und vorbehaltlosem Aufnehmen geklärt werden. Diese Kurse bleiben meist orientiert an geistlichen Exerzitien anhand der Heiligen Schrift.

Entsprechend dieser ersten groben Einteilung in die drei Kursarten wird im einzelnen Kursaufbau Zazen ausschließlich, vorwiegend oder nur teilweise geübt.

Auch die theoretische Information nimmt einen unterschiedlichen Stellenwert im Kursaufbau ein und wird in unterschiedlichen Formen angeboten: Kurzvortrag, einstündige Vorlesung, themenzentrierte Interaktion nach Ruth Cohn, Gruppengespräche, Einzelaussprache mit dem Kursleiter.

Nach allgemeiner Erfahrung sollten strenge Zen-Kurse mindestens fünf, besser acht Tage dauern. Die anfänglich überwiegenden Wochenendkurse gehen für die erste und zweite Kursart sehr zurück.

Für die genannten drei Kursarten möchte ich nun die praktischen Beispiele der anwesenden Kursleiter referieren.

1.2.2.1 Strenge Zazen-Kurse

Die Tagesordnung des Kurses berücksichtigt weitgehend die Tagesordnung des Hauses, in dem der Kurs stattfindet. So werden beispielsweise in der Abtei Maria Laach die Zeiten für Konventamt und Chorgebet der Mönche auch für die Kursteilnehmer frei sein. Im übrigen Tagesverlauf sind 6–7 Meditationszeiten zu je 35–50 Minuten und ein bis zwei Vorträge zu je 30–60 Minuten vorgesehen.

Der Schwerpunkt des Kurses liegt eindeutig in der Übung und nicht in der Information über Zazen.

Die Information ist für Anfänger wichtiger als für Geübte. Denn die theoretische Information baut zunächst viel vordergründige Abwehr gegen scheinbare Widersprüche – Natur/Gnade – christlich/nichtchristlich – ab. In der Klarstellung der metaphysischen und theologischen Grundlagen der bildlosen Versenkung, in der Aufhellung der Transzendenzebene schwindet die innere Skepsis gegen eine harte psychophysische Praxis.

Diese Bewußtseinsbildung motiviert den Anfänger zum konsequenten Üben.

Das Sitzen wird sehr sorgfältig eingeübt und immer wieder vom Leiter kontrolliert. Die technische Richtigkeit, kerzengerade und entspannt zu sitzen, ist die unverzichtbare Voraussetzung im Zazen. Die Körperhaltung muß ihre Hilfsfunktion für die Bewußtseinsvertiefung erfüllen, sonst erübrigt sich die Übung von selbst. Dabei haben Gliederschmerzen oft teleologische Bedeutung.

Ein Zugeständnis an die körperlichen Sitzschwierigkeiten der Anfänger gibt der Kursleiter, wenn er zwischen den Sitzübungen die Teilnehmer nach 30 oder 40 oder auch schon nach 20 Minuten meditativ gehen läßt. Das Schreiten, aufrecht und gesammelt, präzise formiert wie das Sitzen, unterbricht nicht das Meditieren, sondern nur das Sitzen.

Diese Abwechslung dient nicht nur der Lockerung der Beinmuskulatur; sie leitet auch die Erfahrung ein, daß Meditieren nicht identisch ist mit Bewegungslosigkeit oder Lautlosigkeit. Das schweigende Sitzen ist nur die Übungssituation zur Ausbildung der Meditationsfähigkeit. Die Meditation selbst beginnt im Erspüren der eigenen Personmitte. Sinn der Meditation aber ist es, aus der Mitte heraus sich in der Welt zu orientieren. Diese Orientierung ereignet sich spontan nach dem Zazen. Absolutes Stillschweigen der Teilnehmer ist Bedingung. Immer wieder finden auch in diesen Kursen selbst entschlossene

Teilnehmer nicht durch die Gliederschmerzen im Sitzen hindurch zu der Hilfe, die dieser Zen-Sitz bieten könnte.

Dann wurden auch schon Asanas, Meditationsstellungen aus dem Yoga, als Hilfe zum Zazen geübt. Denn auch die Befürworter strenger Zazen-Kurse sehen in Entspannungsübungen eine gute Disposition für das Zazen. Nur sollte sich der Übende nicht während, sondern eventuell vor einem Zen-Kurs für das Sitzen disponieren. Innerhalb des Kurses können solche Erleichterungen auf Kosten der Tiefe gehen, die den Übungsweg verlängern.

Aus der Einsicht, daß das Humane, wie es in Bild- und Symbolmeditation oder auch in den rund um den Zen angesiedelten Künsten geweckt wird, niemals in Meditationsübungen übersprungen werden dürfte, schrieb Philipp Dessauer sein Buch: Naturale Meditation.

Die Befürworter eines strengen Zazen dagegen bezeugen, daß der Verzicht auf diese humane Vermittlung im Zazen kein Verlust ist. Vielmehr bricht durch strenges Zazen ein spontaner Zugang zu den Dingen auf, ohne daß diese formaliter als Objekt angegangen werden. Im Vertrauen auf diesen Durchbruch in eine tiefere Wahrnehmungsschicht beschränken einige Leiter sich ausschließlich auf die Einübung des Zazen während eines ganzen Kurses.

Die christliche Formation sollte im Idealfall vorausgehen und sollte sich nach einem Zen-Kurs sogar intensivieren. Denn erfahrungsgemäß wird jeder, der konsequent Zazen übt, unabhängig von seiner vorausliegenden religiösen Einstellung, sich eines Tages auch religiös entscheiden müssen oder Zazen aufgeben.

Daß Zazen sich bewährt hat, ist vorgegeben, zwar nicht in Deutschland, aber in Japan. Im Vergleich, daß strenges Zazen dem Alpinismus, die modifizierte Kunstform dem Bewegen in freier Natur etwa gleichkommt, liegt keine Bewertung. Der Streit entsteht allerdings in der Frage nach dem Gipfel. Denn die Gefahr der Beimischung von Vor-Übungen in die Zazen-Übung liegt in der Gefahr der

Ansiedlung *vor* dem Gipfel. Durch die Verfestigung im Vorfeld könnte der Durchbruch des eigentlichen Zazen verhindert bleiben.

Diese Gefahr ist eindeutig aber nur bei jenen gegeben, die die Anstrengung der Gipfelbesteigung scheuen. Nicht bei jenen, die für den steilen Weg des Zazen noch nicht ausreichend disponiert sind. Dennoch gilt, daß die jahrtausendealte Übung der „ungegenständlichen Sitz-Meditation“ am besten unverfälscht praktiziert und nicht synkretistisch variiert wird.

1.2.2.2 Modifizierte Zen-Kurse

Das Angebot der modifizierten Zen-Kurse liegt gerade darin, die Bedingungen für das eigentliche Zazen in den Teilnehmern aufzubauen.

Diese Anpassung des japanischen Sesshin an europäische Verhältnisse ist notwendig und möglich geworden.

Die Übertragung dieser psycho-physischen Übungspraxis aus der japanischen Kultur und der buddhistischen Religion in den christlichen Denkhorizont und in die westeuropäische Lebensweise zeigt eindeutig, daß Zen eine menschliche Grundverfassung beschreibt, und weder östlich noch westlich, weder buddhistisch noch christlich genannt werden kann.

Im Blick auf das Ziel des Zazen führen die meisten Kursleiter in kleinen Schritten, von der jeweiligen Denk- und Fühlsituation der Teilnehmer ausgehend, auf den Weg der Bewußtseinsleere im meditativen Sitzen. Strenges Zazen ist das Ziel, aber noch nicht der Weg dieser Kursform.

Die breit ausgebaute Anfahrt beginnt mit einer vielseitigen Anleitung zum richtigen Sitzen. Die kleinen Schritte führen vom richtigen Sitzen auf dem Stuhl, über intensive Körperbildschulung durch Eutonie, über Yoga-Übungen und Atemtherapie zum eigentlichen Sitzen im Zazen. Auch für das meditative Sitzen am Boden werden Hilfestellungen gezeigt, wie das Sitzen auf den Fersen oder der Reitersitz. Wichtig und unverzichtbar bleiben der stabile Bodensitz und die aufrechte Haltung im Oberkörper. Durch diese Vorübungen entwickelt sich im Übenden ein erstes Gespür für die Leib-Seele-Einheit, für die geistige Ausdruckskraft des Körpers. Der Sinn des Zazen kann darin zumindest ahnungsweise aufgehen.

Wenn das rechte Sitzen am Boden gelingt, bahnt sich bereits die Umschaltung aus der Kopfzentrierung in die leibseelische Aufmerksamkeit an. Sie ist dann das Ziel der ersten meditativen Sitzungen. Stützpunkte der Aufmerksamkeit sind die Leibgestalt und der Atem.

Wie ist nun ein modifizierter Einführungskurs aufgebaut?

In drei Schritten führt der Leiter in die Leibverfassung des Zazen ein:

1. Die erste Meditationsübung in einem Anfängerkurs bleibt für jeden Tag die gleiche: Im Meditationssitz soll sich der Übende einfühlen in die Räume seines Leibes – ausgehend vom Becken aufwärts durch den Oberkörper bis in die Fingerspitzen und in die Schädeldecke. Diese Übung wird in den ersten Tagen vom Leiter verbal geführt, später nur durch kurze Hinweise angeregt und vom Übenden still vorgenommen.

2. Ein zweiter Schritt der Einübung hat sich aus der Feststellung ergeben, daß wir sehr geschult sind im Verdrängen der Gedanken. Wir verhindern die Gedanken spontan am Auftauchen und stellen in uns eine Friedhofsruhe her. Diszipliniert im Willen, kann der Anfänger diese Friedhofsruhe, die eigentlich auf das „Totschlagen“ alles Lebendigen in uns erfolgt, nicht unterscheiden von der lebendigen, schöpferischen Ruhe der Meditation.

Um keine Scheinmeditation aufgrund gelungener Verdrängung aufkommen zu lassen, wird der Anfänger systematisch angeleitet, seine Gedanken anzuschauen, ohne sie zu bewerten. Diese Übung gelingt nur dem, der sich schon einigermaßen in seinem Leib daheim fühlt.

Aber nun tauchen meist bannende Bilder, fesselnde Gedanken flutartig auf.

Zen bedeutet jetzt, sich aus diesem Bann immer wieder zu befreien, sich herauszulösen in die reine Gegenwärtigkeit, die Bilder und Gedanken nur aus dem Abstand wahrzunehmen, sich nicht voreilig an sie zu fixieren, sondern vorurteilsfrei auf die Mitte hin aufmerksam zu bleiben.

Gelingt es, daß die Gedanken frei auftauchen, dann sind sie auch schon weniger geworden. In dieser Phase hilft der dritte Übungsschritt:

3. Die gelassene Beobachtung des Atems. Es geht nicht um eine Atemübung, sondern um das Verhalten dem Atemgeschehen gegenüber – kommen lassen, zuschauen, wahrnehmen – sich als atmendes Wesen zulassen.

In dieser Verfassung beginnt allmählich die Übung des Zazen.

Sie dauert bei Anfängern 10 bis 20 Minuten, mit Pausen in einem Block von 1 bis 2 Stunden, etwa zwei- bis dreimal pro Tag. Die kurzen Sitzübungen werden jeweils durch das meditative Gehen (japanisch „kimhin“) unterbrochen.

Für Fortgeschrittene sind drei bis vier Blöcke zu je 1½ bis 2 Stunden vorgesehen. Je nach Belastbarkeit dauert die einzelne Sitzübung 35 bis 40 Minuten.

Die Meditationszeiten liegen immer vor dem Frühstück, vor dem Mittagessen, vor dem Abendessen und am späten Abend. Entspannungsübungen, meist in Form der Eutonie, werden je eine Stunde vor der ersten, oder in Anfängerkursen auch noch vor der dritten, Meditationsübung angeboten.

Die notwendige theoretische Information wird in einem Vortrag bis zu einer Stunde nach dem Frühstück gegeben.

Fester Bestandteil des Kurses ist die Einladung zur täglichen Eucharistiefeier. Unabhängig von Konfession oder Religion erleben es die Teilnehmer hilfreich, ein Wort zu hören, das eine Ursprungserfahrung ausdrückt – wie die Bibel.

In den letzten Kurstagen bietet der Leiter eine Art Körpermeditation im Sinne einer meditativen Bewegungsübung am Abend an. Manche nennen dies auch meditativen Tanz. Es geht um ganz einfache Bewegungen wie Schwingen, Kreisen, Schreiten, um das Finden der eigenen Gebärde. Der Tag schließt jedoch auch dann mit Zazen.

Stillschweigen während des Kurses wird vom Leiter empfohlen, aber nicht disziplinarisch gefordert. Ein Klima tiefen Schweigens ergibt sich von selbst, auch wenn gemeinsame Aussprachen in kleinen Gruppen oder Einzelgespräche während der Freizeit angesetzt sind. Das schweigende Lauschen im Zazen prägt die gesamte Kursatmosphäre.

1.2.2.3 Vom Zen beeinflußte Meditationseinübung

Eine dritte Art der Meditationseinführung richtet sich nicht unmittelbar auf die Einübung des Zazen, sondern baut Elemente des Zen ein. Diese Kurse werden zwar durch das Zazen inspiriert, führen aber den Weg der inhaltlich bestimmten Bild-, Wort- und Metaphermeditation. Das Ziel dieses Weges ist die Erlebnisvertiefung der Liturgie, des Betens, der christlichen Spiritualität.

Das Wort der Bibel hat in diesen Kursen den hervorragenden Platz. Nicht das bildlose Schweigen, sondern das Hören und Erschauen eines bestimmten Inhaltes und der Erfahrungsaustausch der Teilnehmer prägen die Kursform. Die Teilnehmer sollen Bekanntes und Gewußtes leibhaft personal neu in ihr Leben integrieren.

Für diese Kursart werden folgende Möglichkeiten genannt:

1. *Meditation als Gebetspraktikum:* Regelmäßig werden in einer Benediktinerabtei die Einführungskurse in Meditation nach der Art des Zen so angeboten, daß die Teilnahme am Chorgebet und der Liturgie der Mönche möglich wird.

Ein Kurs dauert fünf Tage.

Je nach Vorerfahrung der Teilnehmer geschieht die Einübung in das Beten mehr durch körperliche Entspannungsübungen im Sinn der Eutonie, mehr durch Gespräche oder mehr durch die Metapher-Meditation in der Sitzart des Zazen.

Der Kursleiter trifft diese Entscheidung für den Schwerpunkt nach den Erfahrungen des ersten Tages. So bleibt der Kursablauf variabel für das spezielle Bedürfnis der jeweiligen Teilnehmergruppe.

Jede Meditationseinheit wird grundsätzlich durch eine körperliche Entspannung eingeleitet und unmittelbar in das schweigende Sitzen übergeführt. Dabei wird der Zen-Sitz erleichtert durch einen Hocker oder eine angepaßte Sitzart, je nach Vermögen des Übenden. Der Leiter drängt nicht auf einen speziellen Sitz, wohl auf die aufrechte Haltung des Oberkörpers.

Schweigend meditiert der Übende die Symbole des Wassers, des Feuers, der Erde und identifiziert sich so immer tiefer mit seinen eigenen vegetativen Schichten.

Diese Schweigephase dauert etwa 20 bis 35 Minuten.

Nach einem kurzen Schreiten, wie es schon in den vorausgehenden Berichten beschrieben wurde, werden die Teilnehmer noch einmal im Sitzen stille. Auf ein Zeichen des Leiters hin sprechen alle laut das „Vaterunser“ oder den Psalm 138 – eventuell auch einen anderen.

Damit ist die Meditationsübung beendet. Sie hat jeweils fünf Phasen: Entspannung, Symbolbetrachtung, Schreiten, schweigendes Verweilen, gemeinsames Beten.

Diese Meditationseinheit von etwa einer Stunde und mehr liegt jeweils vor dem Frühstück und vor dem Abendessen.

Nach dem Frühstück und nach dem Nachmittagskaffee findet täglich ein Vortrag statt zur speziellen Übung oder zur geistlichen Praxis überhaupt. Oft schließt sich ein lebhafter Gedankenaustausch der Zuhörer an, so daß Vortrag und Austausch 1–1 ½ Stunden dauern.

Höhepunkt des Tages ist die Feier der Eucharistie am Abend. Sie findet im Meditationsraum statt. Die Teilnehmer sitzen bequem am Boden zu einem Predigtgespräch. Dies kann bis zu einer Stunde gehen. Von Beginn der Eucharistiefeier an sitzen die Teilnehmer im eingeübten Zen-Sitz, um ganz Antenne für das liturgische Geschehen zu sein.

Damit ist der Kurstag zu Ende.

In dieser Kursform erscheint Zazen in zwei Elementen: in der leibhaften Verinnerlichung und in dem aufrechten Sitzen als Gebetshaltung.

In einem anderen Versuch umfaßt die Einführung ins meditierende Beten zwei getrennte Kurse. Im ersten wird der Teilnehmer zum gegenständlichen Meditieren angeleitet, im zweiten Kurs erst in die bildlose Versenkung nach Art des Zazen eingewiesen. Beide Kurse werden vom katholischen Frauenseelsorgeamt für eine ganze Diözese ausgeschrieben.

2. *Meditation als Einübung in den Glauben:* Der Leiter sieht im Zen eine Grundübung, die menschlich formiert. Er baut Hilfen aus dem Zen ein, ohne zum Zazen anzuleiten und ohne seine Kurse Zen-Kurse zu nennen. Ein Kurs dauert vier bis sechs Tage. Das Angebot richtet sich an alle, die christliche Glaubensvertiefung in der Meditation suchen.

Der Kursleiter will vor allem die Übergänge klären zwischen urteilsfreiem Schweigen und der Zuwendung zu definierten Glaubensinhalten und zur Heiligen Schrift. Dieser Versuch geschieht in drei Phasen:

1. In der ersten soll der Übende sich einleben in die eigene Haut, Fühlung nehmen mit seinem Leib. Dies geschieht über die Körperhaltung und von der Atmung her. Dabei werden die verschiedenen Formen des Zen-Sitzes vorgestellt als optimale Körperhaltung für die Sammlung. Den Teilnehmern bleibt es überlassen, ob sie für die Dauer des Kurses nun den Hanka-, Kekka- oder Fersen-

sitz wählen oder auf dem Stuhl sitzen wollen. Wichtig bleiben der stabile Sitz und die kerzengerade Haltung.

Am Abend des ersten Tages soll möglichst allen die Grundübung des Zen, so wie sie Graf Dürckheim als Weg zum Zazen hin gefunden hat, gelingen: Im Atmen sich loslassen – niederlassen – einswerden – neu werden.

Diese Versenkungsübung wird an jedem Morgen der folgenden Tage mit christlichem Glaubenswissen verbunden, z. B.

– sich preisgeben dem Wirken Gottes,
– sich einlassen auf das Pauluswort: Er in mir, ich in ihm,
– sich einlassen auf das Geheimnis von Tod und Auferstehung.

2. In der zweiten Phase führt der Leiter in die naturale Meditation ein.

3. Erst in der dritten Phase geschieht die ausdrückliche Glaubensmeditation.

Sie steht als Hochform des Gebetes im Übergang von der Wort- und Bildbetrachtung zur mystischen Erfahrung. Die Anfangsübungen der Körperhaltung und Atmung haben von diesem Punkt an ihre spirituelle Dimension:

Das Atmen wird ein geistliches Tun, ein Beziehungsgeschehen zwischen Gott und dem Menschen.

Die Grundübung des Zen soll den einzelnen in die Verfassung bringen, in der er fähig wird, die „Stimme Gottes" in sich zu vernehmen.

3. *Meditation als Hilfe zur Selbstfindung:* Dieses Kursangebot richtet sich an jugendliche Erwachsene zwischen 17 und 25 Jahren. Ein Kurs dauert drei Tage und bleibt auf maximal 22 Teilnehmer beschränkt. Im Mittelpunkt der Vorträge, der Entspannungsübungen, der Gruppendynamik und der Schweigemeditation steht das Thema Selbstfindung und Selbstwerdung.

Ziel des Kurses ist es, daß sich der Jugendliche nicht

nur in seiner Grenze, sondern auch in seiner Größe und positiven Veranlagung erleben kann.

Nach bisherigen Erfahrungen haben Jugendliche während solcher Kurse oft wichtige Lebensentscheidungen getroffen. Es melden sich Jugendliche aus allen sozialen Schichten für diese Besinnungstage in einem Ordenskonvent.

Am Vorabend des Kurses wird der Zen-Sitz mit jedem einzelnen in der Gruppe technisch eingeübt. Das Falten der Decke zum Sitzen, die unterschiedlichen Sitzmöglichkeiten, werden ausführlich besprochen und eingeübt.

Jeder Kurstag beginnt vor dem Frühstück mit einer einstündigen Entspannungsübung. Daran schließt sich unmittelbar für 15 bis 20 Minuten eine Schweigeübung im Stil des Zen an. Diese Übung wird vom Leiter mit kurzen Hinweisen zu Beginn inhaltlich geführt. Am Vormittag finden sich die Jugendlichen zum Gespräch mit dem Leiter, zu gruppendynamischen Übungen, zu Bildmeditation oder ähnlichem, ebenso am Nachmittag zwischen 15 Uhr und dem Abendessen. Jeder Tag endet mit einer Schweigeübung. Das Stillschweigen wird bis nach dem Frühstück des nächsten Tages eingehalten.

Die Eucharistiefeier steht als Höhepunkt am Ende des letzten Kurstages.

Alle bisher genannten Meditationspraktiken, vom strengen achttägigen Zazen bis zu Besinnungswochenenden mit Elementen des Zen, wurden in Form von Kursen eingeführt.

Die Frage, wo und wie bei uns in Europa Zen geübt wird, ist auch die Frage, inwieweit Zen den gewöhnlichen Tagesrhythmus des einzelnen *nach* einer Kurserfahrung bestimmt. Ich möchte hier jene Berichte wiedergeben, die den Einfluß von Zen-Kursen in Wohn- oder Lebensgemeinschaften deutlich machen können.

1.2.3 Zen-Meditation im Alltag

1.2.3.1 In einer freien Wohngemeinschaft

Die Mitglieder einer studentischen Wohngemeinschaft suchten gemeinsam die der Meditationsübung entsprechende Lebensform. Nach Übereinkunft aller trafen sich die Hausbewohner am frühen Morgen und am Abend zum Zazen (30 und 45 Minuten). Die Laudes am Morgen, die Vesper und die Komplet am Abend wurden gemeinsam rezitiert.

Einmal wöchentlich tauschten die Mitglieder ihre Lebenserfahrungen aus. Dies geschah in der Form der themenzentrierten Interaktion (TZI nach Ruth Cohn). Im ersten halben Jahr waren für diese Gespräche vor allem die Position der einzelnen in der Gruppe, persönliche Erfahrungs- und Reaktionsweisen wichtig. Inzwischen haben die Mitglieder gewechselt, berufstätige Erwachsene haben sich angeschlossen. Die soziale Verantwortung des Eigentums ist wichtig geworden, ebenso die Integration in die Pfarrgemeinde. Zur Zeit stellt diese Gruppe einmal wöchentlich ihren Meditationsraum der Gemeinde zur Verfügung. Erwachsene und Jugendliche kommen zum Zazen, zum Psalmengebet, zum Gespräch. Die Frage nach einer Dauergemeinschaft taucht nun in der Gruppe auf.

Aus der Gemeinde selbst kam der Wunsch nach einem spirituellen Gemeindezentrum für die praktische Glaubenseinübung interessierter Laien.

1.2.3.2 Im Orden

In einem kontemplativen Frauenorden, der die Klausur zugunsten einer Lehrtätigkeit aufgegeben hat, wird strenges Zazen einmal am Tage von allen praktiziert. Positive Erfahrungen einzelner Schwestern auf reinen Zazen-Kursen haben dazu geführt. Die Noviziatsleiterin gibt intensive Einführungen seit 1970.

Nach den Erfahrungen dieser Gemeinschaft ersetzt strenges Zazen die Funktion der früheren strengen Klausur. Auch die Niederlassungen dieses Ordens in Schweden haben Zazen in ihre Tagesordnung aufgenommen, und viele Nichtgläubige lassen sich dort einführen. In den französischen, italienischen und polnischen Konventen hat dagegen Zazen keinen Eingang gefunden.

– In einem deutschen Klausur-Karmel haben die Zen-Kurse die eigene karmelitische Tradition wieder entdekken lassen. Die Karmelitinnen halten seit der Ordensreform durch Teresa von Avila daran fest, Sitzgelegenheiten ohne Lehne zu benützen und während der Meditation am Boden zu sitzen. Diese Tradition war weithin asketisch mißverstanden worden. Die Einführung in die Technik des Zazen hat die Ursprungserfahrung wieder aufgedeckt, daß das aufrechte, gerade Sitzen die innere Aufmerksamkeit und Aufrichtigkeit fördert.

– Ein belgischer Benediktinerkonvent hat zunächst einzelne Mitglieder zu Zen-Kursen nach Deutschland geschickt. Aufgrund ihrer positiven Erfahrungen hat der gesamte Konvent Zazen in die allgemein verpflichtende Tagesordnung aufgenommen. Seitdem hat sich das Gemeinschaftsleben wesentlich verdichtet und vertieft. Das gemeinsame Zazen hat, nach einem Bericht des zuständigen Priors, den Konvent spirituell regeneriert.

1.2.3.3 In der Freizeit

Häufig schließen sich auch Laien, die in Zen-Kursen in die Praxis des Zazen eingeführt wurden, in ihrem ständigen Wohngebiet zu Meditationskreisen zusammen.

Gewöhnlich finden solche Treffen alle 14 Tage oder vier Wochen statt. Neben drei bis vier Stunden Zazen hat auch das Gespräch über Meditation seinen festen Platz.

In Schweden entstand innerhalb eines Freizeit-Zentrums eine moderne Zen-Halle. Dort geben Professor Hof und ein Unbeschuhter Karmelit Kurse im Zazen.

1.2.3.4 Eine berufspraktische Auswirkung von Zazen

Die Erfahrung einer Jugendleiterin mit Zazen hat sich über den privaten Raum hinaus auf die Berufspraxis im Kindergarten ausgewirkt. Ihr ist der bemerkenswerte Versuch gelungen, vier- bis sechsjährige Kinder in das meditative Schweigen einzuführen. Die eigene Meditationserfahrung brachte ihr zu Bewußtsein, daß die bisherige religiöse Wissensvermittlung im Kind keine Erfahrung ausgelöst hat, selbst wenn die Erzählungen für das Kind „schön" oder auch „fürchterlich" waren.

Nun hat die Leiterin die Kinder zu einer Stilleübung in einen anderen, ruhig gelegenen Raum eingeladen. Die Teilnahme war völlig freigestellt.

Die Kinder saßen auf Stühlen, nicht angelehnt, aber im übrigen in der spontanen geraden Haltung. Die Beine sollten einfach „hängen" dürfen oder am Boden aufstehen. Die Kinder sollten die Augen schließen und einfach die Stille auf sich wirken lassen. Auch haben die Kinder je selbst bestimmt, wie lange sie so hinhören wollten. Es ging zunächst nur eine Minute, dann fünf, schließlich acht Minuten.

Anschließend haben sich die Kinder gegenseitig erzählt, wie es ihnen ergangen ist.

Später gingen dieser Stilleübung andere Übungen zur Sensibilisierung der Sinne voraus, die z.T. bereits vor Montessori entwickelt waren.

Die absolute Stille war für die Kinder keine Zumutung – vielmehr eine Wohltat. Nur muß die Stille, in der die Kinder auch keinen Träumereien nachhängen, spontan wachsen dürfen. Jeder Zwang von seiten der Leiterin wäre ungut.

Allmählich wurden solche Meditationsvorübungen regelmäßig zweimal wöchentlich eingehalten.

Nach Elternberichten haben einige Kinder auch zu Hause für sich alleine die Stilleübung versucht.

Diese Berichte haben in etwa einen Eindruck von der Zen-Praxis in Deutschland an P. Lassalle vermitteln können. Er hatte Zazen von japanischen Meistern erlernt und seine Erfahrung an die meisten anwesenden Kursleiter weitergegeben. Wichtig war nun für alle Symposionsteilnehmer, wie P. Lassalle zu den genannten Versuchen steht.

1.3 Zazen in Japan

Als Hintergrund für die Kursangebote in Deutschland berichtete P. Lassalle vom Verlauf eines japanischen Sesshin:

Die großen Sesshins werden über sieben Tage in buddhistischen Klöstern abgehalten. Mönche und Laien üben zusammen, so auch im christlichen Zen-Zentrum bei Tokio, dem P. Lassalle vorsteht.

Wichtig für die Übung selbst ist die Motivation des Übenden. Danach unterscheidet der Japaner für die Zen-Ausbildung vier Stufen:

1. Den *Kindergarten* besuchen jene, die aufgrund eines fremden Rates oder der Anweisung eines anderen die Übung auf sich nehmen, ohne noch selbst eine Beziehung dazu zu haben.
2. In die *Elementarschule* gehen nur solche, die bereits aus sich selbst zur Übung entschlossen sind, also eine eigene Entscheidung getroffen haben.
3. Um die *Mittelschule* des Zazen bemühen sich diejenigen, die bereits aus eigener Zazen-Erfahrung spüren, welchen persönlichen Zuwachs ihnen diese Übung verspricht.
4. Die letzte Stufe, *die Oberschule,* besuchen nur wenige. Sie üben konsequent in aller Strenge auf das Ziel des Zazen – die Erleuchtung hin.

In einem Sesshin treffen Schüler aller vier Stufen zusammen. Für alle gilt die gleiche Strenge:

Der Tagesplan läßt nur etwa sechs Stunden zum Schlaf frei. Die Mahlzeiten sind äußerst einfach, ein wenig Reis und Gemüse, sie werden stillschweigend im Meditationsraum eingenommen.

Jede Meditationszeit beträgt 40 Minuten. Da aber die Übenden bereits streng zu sitzen haben, bis der Meister kommt oder gegangen ist, werden aus den 40 meist 50 Minuten.

Der Übende beginnt in der Frühe um 3 oder 4 Uhr mit 40 Minuten Zazen (mit kurzer oder längerer Pause), bis zur Eucharistiefeier im christlichen Rahmen oder der Rezitation von Sutren im buddhistischen Raum.

Daran schließt sich eine halbe Stunde Arbeit im Haus oder Garten an bis zur nächsten Meditation. Nach einer kleinen Pause findet das Teicho, der Unterricht durch den Meister, statt. Dieser dauert etwa 40 Minuten, je nach Belieben des Meisters.

Es folgen zwei Stunden Meditation, unterbrochen durch Gehen.

Nach dem Mittagessen um 11 Uhr ist Pause bis 13 Uhr.

Von 13 bis 16 Uhr wird wieder Zazen geübt, im Anschluß die Vesper (Sutren) rezitiert.

Ein schlichtes Eintopfgericht wird als Abendessen gereicht. Bis 18 Uhr ist freie Zeit.

Das nächste Zazen findet von 18 Uhr bis 21 Uhr statt. Die Nacht bleibt dem einzelnen zum Meditieren und Schlafen überlassen. Manche üben noch zwei bis drei Stunden Zazen während der Nacht. Eine solche Übungsstrenge ist im Grunde eine enorme geistige Erholung bis hin zur Erfahrung, vegetativ zu schlafen, aber geistig völlig präsent zu sein. Sie erinnert an die Gebetserfahrung einzelner Heiliger aus dem Christentum, die Nächte hindurch beten konnten, ohne zu ermüden.

Das Lesen und Rezitieren der heiligen Schriften gehört genuin zum Zazen. Für Buddha selbst waren sie die Entfaltung der Erleuchtung. Im Zazen bildet sich die Fähigkeit aus, die Schriften im gleichen Geist zu verstehen, in dem sie geschrieben wurden.

Das Ziel des Zazen ist die Erleuchtung, die heiligen Schriften sind Früchte der Erleuchtung, die auch jene schon kosten, die auf dem Weg zum Ziel sind.

1.4 Das Ziel des Zazen: die Erleuchtung

Nicht jeder, der Zazen in Japan übt, entschließt sich für alle Strapazen auf dem Weg zur Erleuchtung. Die meisten sind mit Vorformen der Erleuchtung zufrieden. Aber jeder weiß um das eigentliche Ziel des Zazen.

Die Erleuchtung wurde jedoch in den Antworten auf die Frage, wo und wie Zazen in Europa praktiziert wird, nicht einmal genannt. Vielleicht war dieses Ziel in der mehr technisch gestellten Frage nicht angesprochen, vielleicht war seine Kenntnis stillschweigend vorausgesetzt. Als Christen würden wir für Erleuchtung auch Gotteserfahrung oder mystisches Gebet sagen können. In dieser Gotteserfahrung ist aber nicht nur die christliche gemeint, sondern jede höchste Erfahrung des Zen und des Yoga. „Buddhanatur“ ist ein anderer Ausdruck für die höchste Wirklichkeit, zu der der Erleuchtete spontan Zugang findet.

Je nach Bewußtseinshorizont wird der Christ seine Erfahrung anders benennen als der Buddhist. Es ist hinreichend bezeugt, daß der Christ durch Zazen sein Christentum vertieft, so wie der Buddhist seine Weltanschauung erfahrungsmäßig einholt.

Und doch ist dieses Erleben der Erleuchtung psychologisch eingrenzbar. Die vollkommene Leere des Bewußtseins ist notwendige Voraussetzung. Aber dies ist noch nicht die Erleuchtung. Sie wird gewöhnlich durch eine sensitive Wahrnehmung ausgelöst: Ein Blatt im Wind, ein Ton im Ohr.

Letzten Endes wird diese außerordentliche Erfahrung immer als großes Geschenk – als Gnade – empfunden.

So wie aber eine mystische Erfahrung noch keinen Heiligen macht, so muß auch der Erleuchtete gerade durch die neue Kraft erst ganz und gar umgewandelt werden in seine Transparenz für den letzten Seinsgrund.

Deshalb bleibt Zazen eine Lebensübung. Sie ist keine Übung neben anderen, sondern ein Weg mit dem Ziel der Verwandlung. Wille und Verstand müssen immer wieder schweigen wie der große Futji-Berg, der da steht, ob es regnet oder schneit. Die immer neue Übung des einfachen Daseins – ohne Urteil, ohne jede Verhaftung – eröffnet die Erfahrung der Transzendenz wie auch der Immanenz „Gottes".

In der Erleuchtung sprechen wir besser von Enstase als von Ekstase, weil die neuplatonische Ekstase das Ereignis nicht gut beschreibt.

Aber im Grunde ist in der Erleuchtung außen und innen eins. Wer diese Erfahrung nicht gemacht hat, steht in der Gefahr, sich an ein Bild zu wenden, statt an „Gott".

Die Unterscheidung zwischen Bild und Wirklichkeit ist einzig garantiert durch die harte Übung der Bewußtseinsstille. Deshalb ist der strengste Weg der kürzeste. Jede ichgerichtete Tätigkeit muß aufhören.

Aber es gibt andere Methoden, die für den einzelnen wichtiger sein können als Zazen. Für alle Kursteilnehmer sollte im voraus klar sein, was sie erwartet: hartes Zazen oder angepaßte Formen. Nur wer das große Ziel sieht, findet durch die Schmerzen der Übung hindurch. Der Kursteilnehmer selbst muß sich entscheiden, ob er an die äußerste Möglichkeit der Übung herangehen will.

Die Erleuchtung ist nicht grundsätzlich an Zazen gebunden. Viele finden auf anderen Wegen dazu. Aber wer diesen Weg des Zazen geht, sollte ihn ohne Abstriche gehen, damit nicht die Gefahr einer „skima", einer Lücke, entsteht, wie der Japaner sagt. Sonst fällt das Ganze der Übung auseinander. Ähnlich drückt sich Johannes vom Kreuz aus: Es ist dasselbe, ob ein Vogel an einem Seidenfaden oder an einer Kette hängt; er kann nicht fliegen, solange er gebunden bleibt.

Aus dieser Erfahrung gehen die Zen-Meister in Japan sehr streng mit ihren Schülern um, wenn auch nur der Verdacht entsteht, der Schüler habe sich im Ich-Bereich fixiert.

1.5 Der Meister

Nicht jeder, der in Japan Zen-Kurse hält, ist berechtigt, den Titel „Meister" zu tragen. Professor Nagaya sagt von sich: „Ich bin kein Meister, ich habe nur geübt." Das heißt nun auch in Japan nicht, daß er nicht eine außerordentliche Erfahrung darin habe und nicht lehren dürfe. Die Zen-Schule, der Nagaya angehört, verlangt nach der „Erleuchtung" noch die Lösung von 600 Koans von dem, der den Titel „Meister" beanspruchen darf.

Ein Koan ist ein logisch unlösbares Denkrätsel. Seine Lösung tut sich auf einer anderen als der rationalen Denkebene auf. Die Koanlösung kann vielleicht verglichen werden mit der Erfahrung, die ein Europäer mit seinen Muskelschmerzen zu Beginn des Zazen machen kann: An einem Punkt, wo der einzelne glaubt, die Schmerzen nicht mehr aushalten zu können, verschwindet der Schmerz plötzlich, wenn der Übende ungeachtet der Schmerzen in der inneren und äußeren Haltung des Zazen verharrt. Der Schmerz ist weg, weil die Spannung gelöst ist, die Spannung hat sich gelöst, weil der Übende in einer tieferen Bewußtseinsschicht angekommen ist.

Ähnlich ergibt sich die Lösung des Koans nicht auf der Ebene der Logik, auf der die Frage zunächst gestellt erscheint, sondern auf der Ebene der intuitiven Vernunft. Darin erweist sich der Meister des Zen, daß er sich herauslösen kann aus der Subjekt-Objekt-Spannung der Definition, die das Gemeinte durch Abgrenzung und Einzäunung (gegen das Nicht-Gemeinte) sichtbar macht. Der Meister muß den direkten Zugang zum Kern, zum Wesen der Dinge selbst finden und anderen Menschen diesen Zugang eröffnen können. Der Meister muß unmittelbar durch die Wesenserfahrung Kenntnis gewinnen können.

Der Koan ist ein Test, ob der Gefragte Zugang zu einem Verstehen oder diskursiven Denken gefunden hat.

Der Meister zeichnet sich in Japan dadurch aus, daß er diesen Test besteht und auch bei anderen den Test anwenden kann. Berühmte Meister haben eigene Koans gefunden.

Unter den anwesenden Kursleitern hat niemand mit dem Koan in Kursen gearbeitet. Die Einweisung in das Zazen war der eigene Übungsweg gewesen und blieb auch der Schulungsweg für andere. Je länger und intensiver aber auch in Europa Zazen geübt wird, desto dringender wird die Frage nach dem Meister.

Wir haben in Europa keine „Schule", die den Meistertitel zuerkennen kann. Wir haben keine Ausbildungsvorschriften und keine offiziellen Kriterien für die Qualifikation eines Meditationsleiters. Dennoch üben sehr viele, meist Ordensleute, die in der spirituellen Praxis des Christentums erfahren und theologisch gebildet sind, die Versenkungstechnik des Zazen.

Prof. Nagaya schilderte P. Nassalle seinen Eindruck von der Situation des Zazen in Europa 1973 besonders im Hinblick auf die Kursleiter: „Da sind zu viele Meister." Und P. Lassalle kommentierte diese Feststellung den Symposionsteilnehmern in seiner Weise: „Ich dachte, es seien zu wenige Meister."

Das Problem des Zen in Europa stellt sich gegenwärtig in der Frage nach der Ausbildung und Fortbildung der Kursleiter. In Japan leben die Meisterschüler häufig für eine längere Zeit in einer Gemeinschaft, die sich eine ausgeprägte meditative Lebensform gegeben hat, wie z.B. ein buddhistisches Mönchskloster oder das christliche Zen-Zentrum von P. Lassalle. In Zukunft werden sich auch Nicht-Ordensleute unter europäischen Christen auf die spirituelle Lebensvertiefung spezialisieren und Meister der Meditation werden wollen. Das Echo aus den bisherigen Zazen-Kursen signalisiert eine solche Entwicklung.

Das Problem des Zen-Meisters ist in (Europa) Deutschland ungelöst. Die Ausbildung hat begonnen durch die Übung des Zazen auf breiter Ebene. Einige werden auch die „Oberschule" des Zen im japanischen Sinn besuchen und konsequent den Weg gehen. Gerade sie brauchen die Begleitung eines erfahrenen Lehrers auf den noch wenig beschrittenen Weg in die spirituellen Tiefen der eigenen Psyche.

Die Begleitung auf diesem Weg setzt neben der unverzichtbaren Eigenerfahrung aber auch solide Kenntnis des Geschehens aus psychologischer und theologischer Sicht voraus.

Die kritischen Anfragen der anwesenden Fachtheologen an die gegenwärtige Übungspraxis des Zen zeigten die Richtung auf, in der sich die wissenschaftliche Begleitung der Zen-Meditation in Europa entwickeln könnte. Denn der europäische „Zen-Meister" muß die psycho-physische Übungspraxis des Zazen in unseren abendländisch und christlich geprägten Denkhorizont ebenso einordnen, wie es auch der japanische Zen-Meister für seinen buddhistisch geprägten Kulturraum tut.

Das Problem des Meisters in Europa erweist sich auf diesem Symposion auch als Anfrage an die anthropologische und theologische Wissenschaft.

Die Frage nach dem qualifizierten Kursleiter stand inhaltlich wie zeitlich zwischen dem Bericht über die Übungspraxis und der theoretischen Reflexion dieser Praxis.

Denn die zweite Phase der Symposionsgespräche stand unter der Frage:

2. Wie interpretieren bzw. kritisieren wir europäische Christen die Übung des Zazen?

Ursprünglich war die Zen-Meditation ausschließlich ein religiöser Erfahrungsweg, eingebettet in die gläubige Weltanschauung des Buddhisten. Die psycho-physische Praxis war unlösbar verknüpft mit den Vorstellungen über die Welt der vordergründigen Täuschungen und über die Welt der eigentlichen Alleinheit. Analog der Karmalehre und der Reinkarnation führte der übergegenständliche Versenkungsweg des Zazen über Askese und Erkenntnis direkt zur ersehnten Erleuchtung. Das heißt, die Täuschung in Leid und Vereinzelung wurde aufgedeckt, und damit war der Zugang zur eigentlichen Realität freigelegt: Das heilige Eins-Sein, der Sinn im Dasein, wird erschaut und erfahren.

Entsprechend dem eigenen Denkhorizont deutet nun der erfahrene Buddhist die offenbare Alleinheit hinter allen scheinbaren Widersprüchen als die heilige Buddhanatur.

Durch Zazen hatte sich die intuitive Vernunft so ausgebildet, daß der Geübte aufgeschlossen war für die Offenbarung aus den Dingen selbst.

Zazen war der Ausbildungsweg einer Erfahrungsfähigkeit geworden, die die vorausliegende Einheit oder auch die neue Synthese aus allen Einzelerfahrungen aufnehmen kann.

Das Ziel der Übung war ausschließlich ein religiöses: Zugang zur heiligen Buddhanatur zu gewinnen.

Heute ist Zazen auch außerhalb eines religiösen Rahmens üblich als Methode der Psychohygiene, der Psychotherapie oder der Bewußtseinserweiterung der einseitig fixierten ratio in das Körper- oder auch transrationale Bewußtsein. Das Ziel ist nicht die religiöse Erfahrung, sondern die psychische Gesundheit und die Entwicklung der noch schlummernden Vernunftkräfte. Das ist kein Widerspruch, wohl aber ein Unterschied in der Motivation zu üben und wahrscheinlich auch in der Weise, wie die Meditationserfahrung bewußt wird.

Diese säkularisierte Zazen-Übung ist mit der naturwissenschaftlichen Fragestellung möglich geworden.

Denn erst die wissenschaftliche Psychologie kann heute das Zazen scheiden in den psychologisch beschreibbaren Prozeß der Bewußtseinsveränderung und in die theologisch oder religionswissenschaftlich beschreibbaren Denkvorstellungen, an denen sich der Meditationsweg entwickeln konnte.

Diese Unterscheidung macht die doppelte Kritik an der Zen-Meditation möglich: die erkenntnistheoretische und die theologische.

An diesen zwei Schwerpunkten hat sich auch die Diskussion um die theoretische Zuordnung des Zazen immer wieder entzündet.

1. Das Stichwort zur Überprüfung des Erkenntnisweges im Zazen war „Intuition“:

Wie geht dieser Erkenntnisweg mit dem heutigen Wissenschaftsinteresse überein? Welche Praxisanweisung gibt die Intuition für die Gesellschaftsordnung, für die Ethik, für die gesamte Weltgestaltung? Welches Menschenbild weist der Intuition einen hervorragenden Platz in der geistigen Begabung zu?

2. Die theologische Kritik führte besonders den objektiven Wahrheitsanspruch der Wortoffenbarung gegen die subjektive Erfahrung einer meditativen Praxis ins Feld:

Wie vereinbart sich die gegenstandslose Selbstversenkung mit der Heilsoffenbarung in Jesus Christus? Welchen Stellenwert haben Schriftlesung, Sakramente, Liturgie, die gesamte christliche Formation?

Zu diesen beiden Fragekomplexen fasse ich die Beiträge zur Kritik am Zazen zusammen.

2.1 *Erkenntnistheoretische Kritik*

2.1.1 *Anfragen an die physische Übung des Zazen*

Typisch für Zazen ist es, eine geistige Verfassung durch eine sehr präzis beschriebene Körperhaltung einzuüben.

Ob für einen Europäer der Fersensitz oder eine andere gewohnte Sitzart nicht angemessener sei als der Kekka- oder Hankasitz, beantwortete ein in Zen erfahrener und weitherziger Japaner: Je vollkommener der Lotussitz gelingt, desto hilfreicher die körperliche Disposition für die Erleuchtung.

Auch die Ordenstradition des Klausur-Karmels pflegt den Fersensitz am Boden während der Meditation. Auch im übrigen Tagesverlauf sollen die Mitglieder frei, ohne sich anzulehnen, sitzen. Nach alter Ordenserfahrung löst das Sitzen auf dem Boden ein Gefühl für Sammlung und Einfachheit aus. Die aufrechte Körperhaltung untertags unterstützt wesentlich die innere Aufmerksamkeit.

In anderen spirituellen Ausbildungsinstituten, wie z. B. in einem Priesterseminar, galt früher auch eine Körperhaltung für außerordentlich wichtig im Gebet. Hier war die Haltung des Kniens unverzichtbar. Beim Gebet zu sitzen, wurde als grobe Nachlässigkeit erachtet und deshalb nicht gestattet.

Wie unverzichtbar aber ist die Körperhaltung im Zazen auf dem Weg zur Erleuchtung? Die Antwort gibt der folgende Bericht: Eine japanische Frau war über längere Zeit krank an das Bett gebunden und wollte dennoch sich im Zen üben. Sie sammelte ihre Aufmerksamkeit auf das Tikken der Uhr. Auf diese Weise ist ihr die völlige Gedankenleere gelungen. Sie hat zur Erleuchtung gefunden. Ausschlaggebend war also nicht die Sitzhaltung, sondern die Fähigkeit, ohne Verstandestätigkeit da zu sein. Auf diese Fähigkeit hin will der besondere Zazen-Sitz trainieren.

Für die gesunden Menschen ist er nicht mehr anstrengend, sobald der Oberkörper in das physische Gleichgewicht einschwingt und sich die Muskulatur im Rücken, in den Schultern und im Nacken, im Unterbauch und in den Beinen entspannt hat. Wer aber aus Bequemlichkeit die Anfangsschwierigkeiten umgeht, versperrt sich selbst den Zugang zur Meditation. In diesem Sinn ist der „anstrengende" Sitz bedeutsam auf dem Meditationsweg.

Die aufrechte Haltung im Dienst des Geistes ist nirgends so sehr betont wie im Zazen. Aber auch die griechische Antike hat die Würde des Menschen mit seiner Gestalt verbunden gesehen. Die aufrechte Körperhaltung ist für das Abendland zum Charakteristikum des Menschseins geworden.

Die Frage nach der Grenze zwischen ungesunder Überbetonung des Körperlichen und adäquater Einbeziehung des Körperlichen in das geistige Tun konnte nicht eindeutig beantwortet werden.

Doch wurde die Vorstellung, der Mensch sei Körper „und" Geist korrigiert: Der *ganze* Mensch erfährt sich in zwei Dimensionen. Die Bildwörter „innen" und „außen", „Tiefe" und „Oberfläche" sind Hilfsvorstellungen für diese Dimensionen.

Die Aufmerksamkeit auf die eine oder andere Dimension erscheint in einem größeren Aspekt auch kultur- oder religionsgebunden.

So hat zwar die Inkarnation Gottes im Christentum zentrale Bedeutung, aber die körperliche Einübung ins Beten wird im Christentum weit weniger beachtet als die geistige. Dagegen wird dem nichtchristlichen Osten häufig eine Mißachtung des Körperlichen zugeschrieben, obwohl dort körperliche Hilfen methodisiert wurden für bewußtseinsvertiefende Prozesse.

Jeder, der Zazen übt, sucht die Ich-Freiheit im Wollen und Denken, um ganz gegenwärtig sein zu können. Nur auf dieses Ziel hin ist die körperliche Einübungsphase wichtig.

2.1.2 Anfragen an die psychische Übung des Zazen

Wichtig ist die Entleerung des Bewußtseins von jeglichem Inhalt. Das Bewußtsein kann aber nicht aufhören, sich nicht völlig erübrigen. Zazen übt ein Verhalten des Loslassens, des Vergessens auf alles Bekannte und eine Haltung des Zulassens alles Unbekannten ein. Der Übende sucht sich des eigenen Urteils in Begriffen und Vorstellungen völlig zu enthalten.

Verbirgt sich in diesem Vakuum die Abwertung der rationalen Denkfähigkeit? Wie ist diese methodisierte Denkabstinenz einzuordnen?

Etwa 10 Prozent der Teilnehmer von strengen Zazen-Kursen äußern sich kritisch, Jugendliche bisweilen aggressiv, weil für sie das Nicht-Denken ideologieverdächtig, strapaziös und schlechthin unmöglich ist. Menschen, die in der Nähe einer Neurose leben oder die unter einem Trauma leiden, können bisweilen durch den psychischen Druck des Zazen in eine schwere Depression oder übersteigerte Aggression fallen. Therapiebedürftige Menschen können unter Umständen den psychischen Streß der Zen-Meditation nicht aushalten. Japanische Klöster lassen nur gesunde Menschen zum Sesshin zu.

In Ausnahmefällen wirkt das Nicht-Denken auf einen sehr nervösen Menschen therapeutisch. Besonders in der europäisch gemilderten Form der Zen-Meditation kann vorsichtiges Meditieren unter aufmerksamer Begleitung hilfreich auch für den Patienten sein.

Aber grundsätzlich ist Zazen nur für gesunde Menschen möglich und hilfreich.

Die Umstrukturierung des Bewußtseins in der Zen-Meditation ist nachgewiesen. Sie vollzieht sich anders als in Yoga- und anderen Versenkungsmethoden. Der Zen-Übende zeichnet sich durch geistige Wachheit aus. Sie gelingt grundsätzlich jedem aufgrund der Vernunftbegabung innerhalb der persönlichen Bedingungen.

In welcher Relation steht das Meditationsbewußtsein zum wissenschaftlich orientierten Subjekt-Objekt-Denken? Dazu ein Vergleich der geistigen Entwicklung in Europa und Amerika mit der in Burma und Laos:

Für Europa und Amerika ist die Ausbildung der rationalen Intelligenz das programmierte Schulungsziel. Ein Großteil der Patentanmeldungen für neue Erfindungen geht nach Amerika. Hier kommen die Ergebnisse der Natur- und Sozialwissenschaften durch präzise Planung und sorgfältiges Experimentieren zustande.

In Burma und Laos, Thailand und Indien sind die Fehlentwicklungen offensichtlich geworden. Das fehlende soziale Wissen scheint gekoppelt mit einem Mangel an Rationalität und Aktionsbereitschaft. Die Bewohner jener Länder sind bekannt geworden bei uns im Westen für die ausgeprägten Versenkungsmethoden. Gleichzeitig werden wir informiert über die dort herrschende Lethargie auf wissenschaftlichem und sozialem Sektor. Diese Zusammenhänge machen die Ausbildung der intuitiven Vernunft fragwürdig. Das soziale Bewußtsein ist im Westen ausgeprägter als in jenen Ländern, die Methoden der Einheitserfahrung mit dem Universum entwickelt haben.

Der Präsident der indischen Kakai-Sekte drückte sein Erstaunen über die *Religiosität* der Deutschen aus, nachdem er Großstädte, Großbetriebe besucht hatte. Daß hier die soziale Verantwortung selbstverständlich ist, die Arbeit exakt geleistet wird, Forschungseinrichtungen unter hohem Aufwand möglich sind, staatliche Versicherungen das Leben auch in Krisenzeiten garantieren – all dies war für ihn ein Ausdruck von hoher Moral und tiefer Religiosität. Dieser Vertreter eines „meditierenden Volkes“ war von den Ergebnissen einer rationalen Entwicklung begeistert.

Vielleicht starren wir fasziniert auf östliche Meditationsmethoden, weil sie uns aus unseren persönlichen und gesellschaftlichen Schwierigkeiten, aus den Denkproblemen und Organisationsnöten zu erlösen versprechen?

Wir sollten nüchtern vergleichen, wohin sich ganze Völker entwickeln, die einseitig das intuitive oder rationale Bewußtsein ausgeprägt haben, bevor wir uns auf breiter Ebene auf die meditativen Übungen einlassen.

An diesem Punkt der Diskussion war die gesellschaftspolitische Kritik gegen die Versenkungspraxis allgemein gerichtet. Erst die Erinnerung, daß Zazen eine spezielle Methode ist und der Vergleich auf bildungs- und sozialpolitischer Ebene nur mit den Völkern geführt werden kann, die vom Zen geprägt sind, brachte die Diskussion zum Thema zurück.

China und Japan sind Ursprungsländer des Zazen. In Japan aber pflegen verantwortliche Industrie-Leiter und Wissenschaftler in gleicher Intensität Zazen wie die Mönche.

Auch bei uns gibt es Vergleichbares. Dies wird am Beispiel einer Kirchenfunksendung deutlich.

Ein Bankdirektor unter dem üblichen Berufsstreß erzählte von seinen Erfahrungen mit Zazen. Durch diese Übung fühlte er sich nicht nur seiner Berufsarbeit gewachsen, sondern empfand auch neue Lebensfreude. Er selbst fühlte sich besser, äußerte aber gleichzeitig seinen Unmut über das unmenschliche Arbeitssystem, das Millionen entmenschlicht.

Nun die Frage des Reporters: Was tun *Sie* jetzt zur Humanisierung ihrer Umwelt, nachdem Sie von Streßfolgen befreit sind? Da der Bankdirektor die Antwort schuldig blieb, stellte der Kirchenfunkreporter den Marxschen Ideologieverdacht: Religion als Opium.

Dazu ist folgendes zu bemerken: Der Einfluß eines einzelnen auf die Veränderung seiner Umwelt ist die Frage der persönlichen Reife. Mystiker haben als einzelne tiefgreifend ihre Zeit und darüber hinaus Jahrhunderte beeinflußt. Vielleicht war dieser Bankdirektor noch nicht in seiner Reife, um ähnlich wirksam zu werden.

Außerdem ist der gesellschaftsbezogene Blick ein sehr starker Farbfilter für die Wahrnehmung. Ganze Bereiche der geheimen Verursachung fallen aus. Die Frage, wie veränderst du die Welt, ist verengend gestellt. Positivistisch ausgerichtet schließt sie die Möglichkeit einer geheimen Veränderung der Gesellschaft von vornherein aus. Die geheime Verknüpfung zwischen dem Bankdirektor und seiner Umwelt ist allerdings für das marxistische Weltbild eine Ideologie.

Es ist anzunehmen, daß auch dieser Bankdirektor etwas von seiner Kraft zum Überleben verbreitet, wenn er sich weiterhin im schweigenden Offensein des Zazen trainiert.

Die Menschheit scheint heute vor zwei Problemen zu stehen:

- Wenn wir keine neue Hoffnung finden, geht die Menschheit zugrunde,
- wenn wir auf die neue Hoffnung nur warten, ist die Welt schon zugrunde gegangen.

Aus der augenblicklichen Not, die Kraft zum Überleben aufzubringen, müssen wir fragen:

Welche Hoffnungen können wir Europäer an die Ausbildung der Intuition knüpfen, nachdem wir uns bereits spezialisiert haben auf die logische Lösung der uns vom Leben aufgegebenen Denkrätsel?

In unserem wissenschaftlichen und technischen Engagement ist die Neurotisierung des Menschen unübersehbar. Die angewandte Forschung hat zur Zerstörung der Umwelt beigetragen.

Welche Art der Selbstverwirklichung und Weltzugewandtheit praktizieren wir, wenn wir uns damit selbst in eine lebensbedrohliche Krise bringen?

Das Argument, daß jeder Fortschritt seine Abfallprodukte notwendig mit sich führt – vor allem im Stadium des Experimentes –, trifft das Problem nicht an der Wurzel. Denn im großen Ausmaß heutiger Selbst- und Weltgestaltung bleibt weder Zeit noch Raum für lebensgefährdende Experimente. Der Ernstfall ist im ersten Versuch mitgegeben. Die Zerstörung von Wasser, Erde und Luft, die Zerstörung des psychischen Haushaltes sind im vollen Gange.

Wir brauchen in dieser Situation mehr denn je die Fähigkeit, uns ganz Neues einfallen zu lassen, wofür vielleicht unser bisheriges Bemühen nur eine sachgemäße Vorbereitung im großen Stil war.

Wir müssen Wege finden, daß unser Engagement kein „Herumfuhrwerken“ mit zerstörerischen Folgen ist, sondern Kultur schafft, die die Individuation des einzelnen nicht nur nicht verstellt, sondern optimal fördert.

Wenn wir beispielsweise bei Kopfweh vom Profitdenken der Tablettenindustrie absehen und uns zuerst die Frage stellen, wie der lebendige Mensch auf chemische Manipulation reagiert, dann setzt diese Verfassung eine soziale Bewußtheit voraus, die heute erst ganz langsam zu wachsen beginnt.

Eine intuitive Ethik könnte den Blick und die Fähigkeit für gemäßes Handeln in der Welt neu ausbilden. Denn gerade die „Rädchen“ werden sich in unserer Industriegesellschaft erübrigen, und nur selbst-bewußte, verantwortliche Menschen können schöpferisch umgehen mit den Ergebnissen ihrer Leistung.

Die Intuition verspricht uns die Fähigkeit, aus tieferen Bewußtseinsschichten auf unsere Welt zu blicken und in ihr tätig zu werden. Erfahrungsgemäß verdirbt Zazen dem Übenden einfach den Geschmack an schädigenden Dingen: Das Leibgewissen, das Wesensgewissen reagieren spontan, das Drillgewissen dagegen erübrigt sich:

Der intuitiven Vernunft entsprechen die Wahrnehmungsfähigkeit für den Sinnzusammenhang und die Handlungsfähigkeit für sinnvolles Tun.

Die Hoffnung auf unsere intuitive Vernunft steht noch unter dem Verdacht der Illusion, solange nicht geklärt ist, ob die übergegenständliche Wahrnehmung und die empfangende Erfahrungsfähigkeit noch die definitiv gefundene wissenschaftliche Wahrheit aufnehmen können oder ausklammern.

Von Weizsäcker gibt in seinem Vorwort zu Yogi Krishnas Buch, „Die biologische Basis der Gotteserfahrung“, eine Verhältnisbestimmung von ratio und intuitio:

Die entscheidenden Erfolge in der Wissenschaft werden nicht auf rationalem Weg gefunden, die Inspiration bringt den entscheidenden Durchbruch. In ihrer rationalen Darstellung ist Wissenschaft nur die Verteidigungsform der Erkenntnis bis hinunter zum kleinen Kompendium.

Der zündende Funke ist quantitativ eine Augenblicksschau, qualitativ aber die wesentliche Ein-sicht des Vielerlei.

Die Totalität der intuitiven Erkenntnis widerspricht keineswegs ihrer rationalen Vorbedingung. Vielmehr ist die sachbezogene Vorarbeit die unverzichtbare Leistung vor dem entscheidenden neuen Durchbruch. Die sachbezogene Nacharbeit macht wiederum den neuen Fund erst kommunikabel.

Auf dem wissenschaftlichen Erkenntnisweg ereignet sich die eindeutige Schau und die Klarheit der Intuition meist in Zeiten der „Gedankenleere“, jedenfalls nicht als Summe der geleisteten Vorarbeit. (Hier gilt die Rechnung 1 + 1 = 3.)

Der Reifungsprozeß der wissenschaftlichen Inspiration aber ist vergleichbar dem meditativen Durchbruch in die überklare Bewußtheit.

Auch dem Zazen geht eine sachbezogene Vorbereitung voraus: Die senkrechte Haltung der Wirbelsäule fördert die Beruhigung der Atmung, die den Gedankenstrom verlangsamt bis zur Gedankenstille. In dieses Vakuum kann ganz Neues ein-fallen. Aber erst *nach* der Meditationsübung wird dieses „Neue“ bewußt und wirksam. Die Hoffnung, daß ganz „Neues“ einfallen wird in das Bewußtsein eines einzelnen oder einer Generation ist eingeschränkt durch die Gewißheit, daß der göttliche Sinngrund sich von sich aus schon in Jesus Christus geoffenbart hat.

Welchen Anteil haben wissenschaftliche und meditative Bemühung an der Erkenntnis der christlichen Offenbarung in der Bibel?

Ohne Kenntnis der historisch-kritischen Methode wird der Exeget der Situation und vieler Aspekte der Interpretation des Neuen Testaments nicht gerecht werden können.

Zazen aber bildet eine Erfahrungsfähigkeit aus, die den Erfahrungsniederschlag im Neuen Testament unmittelbarer aufnehmen wird als die logische Textbearbeitung. Dagegen steht die Meinung, daß gerade das Neue Testament weniger Erfahrungen beschreibt als theologische Überlegungen berichtet.

Es besteht die Gefahr einer zu schnellen Übertragung der Meditationserfahrung auf den Text des Neuen Testaments, gerade wenn der Christ seinen persönlichen Zugang beispielsweise zu den Paradoxen „Leben durch Tod", „Gewinnen durch Verlieren" gleichsetzt mit dem objektiv wahren Verständnis des Textes.

Für den Buddhisten sind die Sutren vor allem Niederschlag einer evidenten Erfahrung. (Die heiligen Schriften werden im Buddhismus auch als die Entfaltung der Erleuchtung angesehen.) Daß die Theologie im Christentum auch als die Entfaltung einer mystischen Erfahrung angesehen werden kann, kann nicht für jeden Fall behauptet werden.

Im Christentum steht jede persönliche Gotteserfahrung noch unter der Kritik des Wortes. Das Wort der Heiligen Schrift darf deshalb nicht vereinnahmt werden von der Meditationserfahrung.

Wie aber schon aus den Kursberichten deutlich wurde, tritt die Übung der Meditation nie anstelle der Schriftlesung, vielmehr prägt die Meditation in der Form des Zazen die grundlegende innere Bereitschaft für das Hören des Wortes. Ordensleute bestätigen, daß sie ohne die christliche Formation vom Zazen allein nicht viel gehabt hätten.

So wie die geistliche Erfahrung ohne das interpretierende Geschehen der Theologie unfruchtbar bleibt, so reicht die intellektuelle Theologie nicht aus, um die Glaubenserfahrung zu initiieren.

Wie die Zen-Meditation zwischen Wissen und Erfahrung vermitteln kann, zeigt der Bericht einer amerikanischen Studentin:

Sie hatte jede Beziehung zu ihrer christlichen Kindheitserziehung verloren. Um sich über sich selber zu vergewissern, übte sie in einem buddhistischen Nonnenkloster durch vier Monate hindurch strenges Zazen unter fürchterlichen Schmerzen. Obwohl sie in dieser Zeit keinerlei Hinweis auf christliche Glaubensinhalte erhalten hatte, war sie durch Zazen überzeugte Christin geworden und im Glauben personal engagiert.

Dieses Beispiel steht für viele, daß die Übung des Zazen erlebnismäßig vertieft, was inhaltlich im Bewußtsein präsent ist. Deshalb löscht Zazen das theologische Wissen nicht aus, sondern setzt die Korrektur im Sinn der negativen Theologie.

Im Streit um den Stellenwert von Glaube und Erfahrung wurde festgehalten, daß der Glaube auch wieder die Transzendenz der Erfahrung ist. Im Zazen überschreitet der Übende nicht nur die Begriffsebene, sondern auch die Erfahrungsebene der Sinne. Das Bemühen um Urteilsfähigkeit kann für den Christen die Bereitschaft zum reinen Glauben ausdrücken ohne die Stützen der Logik oder anders gearteten Erfahrung. Die Evidenz liegt in der Bereitschaft, sich ergreifen zu lassen, nicht im Greifen oder Be-greifen Gottes.

Zazen bringt für den Theologen auch den Verdacht einer einseitigen Verinnerlichung mit sich. Kritisiert wurde der Rückzug aus der Welt in das eigene Ich und das Mißverständnis von „Inkarnation" im Sinne nur der eigenen Verleiblichung. Richtig verstanden aber bewirkt Zazen immer gleichzeitig die Inkarnation im eigenen Leib *und* in der Welt. Es ist ein Kennzeichen für gelungenes Zazen, wenn der Meditierende gleichzeitig zu sich selbst findet und aufwacht für die Geschichtlichkeit der Offenbarung.

Meditation meint hier nicht an Texten orientierte Besinnung, sondern die innere Verfassung des Schweigens. Es ist schwierig, die eigentliche Meditation ins rationale Denken zu übertragen und dort deskriptiv wiederzugeben. Und doch müssen solche Erfahrungen in Beziehung gebracht werden zu den theologischen Denkproblemen, die die Zen-Meditation aufgibt – bevor Zazen als Praxis theologisch empfohlen werden kann.

Vier Probleme erscheinen vorrangig:

1. Ist reinrassiges Zazen nicht an eine sehr weitgespannte religiöse Konzeption gebunden, die nicht ohne weiteres christlich ist, zumal das Verhältnis christlicher Glaube – buddhistische Religion ungeklärt ist?
2. Wie weit ist durch die Übernahme der Zen-Meditation aus dem Buddhismus für das Christentum Neues zu gewinnen und Verbindliches auszusagen? Denn jede Religion ließe sich von ihrer Entstehungsgeschichte her – phänomenologisch betrachtet – als ein synkretisches Phänomen erklären.
3. Wie sieht die Verhältnisbestimmung von Zazen zu anderen konstitutiven Existenzweisen des Christen aus, wenn Zazen nie Ausschließlichkeit für den Christen bedeuten wird?
4. Wie verdeutlicht sich das Christusgeschehen in der Zen-Meditation? Denn „Inkarnation“ ist im Christentum immer dem Christusgeschehen verbunden und nicht beschränkt im Sinne eigener oder welthafter Verleiblichung.

Zu 1: für die theologische Antwort auf die erste Frage ist die Unterscheidung zwischen Zen-Meditation und Zen-Buddhismus grundlegend. Daß Zen nicht an eine Religion gebunden ist, sollte die Meditationsanweisung eines bedeutenden japanischen Zen-Meisters zeigen: Wenn dir in der Meditation Buddha begegnet, dann töte Buddha. Ein anderer Zen-Meister verbrennt schließlich seine Buddhastatue und wärmt sich damit sein Zimmer.

Zen – das totale Schweigen – ist in sich selbst weder buddhistisch noch christlich. Erst durch die Entscheidung für eine bestimmte Interpretation der Meditationserfahrung kann die Übung selbst christlich oder buddhistisch formieren. Die Methode des Zazen kann ganz klar losgelöst werden aus der buddhistischen Tradition.

Zu 2: Die zweite Frage nach der Integration von Zazen ins Christentum oder nach dem Synkretismus ist geschichtstheologisch zu beantworten: Unsere gegenwärtige christliche Theologie spricht sich bereits in jüdischen und germanischen, in römischen und griechischen Begriffen und Denkweisen aus. Heinrich Fries betont, daß wir die heute existierenden Religionen in ihrer objektiven Funktion betrachten müssen, denn sie alle führen hin zu dem Vollen, das werden soll ...

Christus kann nicht von Germanen, nicht von Juden, nicht von Griechen und nicht von Lateinern voll erkannt werden. Wenn nun Asien mit einer jahrtausendealten Tradition, mit seiner Methode und Denkform das im historischen Offenbarungsgeschehen Vermittelte erfaßt und prägt, dann wird Christus vollständiger verstanden.

So gesehen wird das Zazen im Christentum nicht den Synkretismus bringen, sondern einen Beitrag, der unserer menschlichen Natur entspricht. Und wenn die Erfassung der Wahrheit entsprechend der Vorprägung der Seele geschieht, dann ist die Integration des Zazen in das Christentum eine Sache der langjährigen Entwicklung.

Zudem haben wir schon sehr viel Östliches in das Christentum integriert. Die Neuplatoniker, die frühen Mystiker müssen von unserem heutigen theologischen Standpunkt aus nicht genuin christlich verstanden werden. Die Geschichtlichkeit der Offenbarung, das einmalige Kommen des Wortes, bleibt als Überwert schon dadurch gesichert, daß auch der, der nicht methodisch meditiert, ganz sicher zum vollen Glauben finden kann. Im Buddhismus dagegen erscheint die Meditation tatsächlich als der einzige Weg.

Die Frage der Integration ist auch die Frage nach Christus in den nichtchristlichen Religionen. Der Buddhist und der Shintoist sind nach christlichem Glauben von Christus erlöst. *Wie* die Gnade Christi in dem je eigenen Lebensraum wirksam wird, das wissen wir nicht.

Zu 3: Die dritte Frage nach der Verhältnisbestimmung des Zazen und der übrigen christlichen Formation wird zusammen mit der vierten nach dem christologischen Bezug der Zen-Meditation beantwortet.

Zu 4: Heinrich Schlier unterrichtete seine Studenten in Bonn, daß alle Reflexion um Worte und Geschichte das Bemühen um die Außenseite ist, die durchstoßen werden muß auf die Sache selbst hin.

Die Zen-Meditation eröffnet den unmittelbaren Zugang zur Sache selbst. Der christologische Ort der Zen-Meditation ist der Weg Jesu Christi. Das Christologische ist nicht Objekt, sondern die Form, in die ich mich begebe. Auch Jesus Christus will sich uns nicht nur selbst nahebringen, sondern uns den Vater zeigen.

Es zeigt sich augenblicklich kein anderer Weg in die Gotteserfahrung als aus der Einstellung Jesu Christi zu leben, damit er je neue Gestalt in jedem einzelnen annimmt und sein Geist selbst uns einführt in die Erfahrung des Vaters. Jesus Christus selbst bewahrt den Meditierenden vor dem Abgleiten aus der Zeit und geformten Geschichte. Wer Zazen übt, läßt sich ja ein auf den letzten Quellengrund der Gesamtwirklichkeit. Für diesen Grund haben wir den Gottesnamen „Vater“, und wir wissen, daß es der Vater Jesu Christ ist.

Damit ist weniger eine definierende Antwort gegeben, als vielmehr die Richtung aufgezeigt, in der nach einer gültigen Antwort gesucht werden muß auf die Frage nach dem christologischen Bezug von Zazen.

Die mystische Theologie eines Meisters Eckehart, des Johannes vom Kreuz, des Ignatius von Loyola beschreibt den christologischen Bezug zur ungegenständlichen Versenkung eindeutiger.

Der ignatianische Gebetsweg bereitet über die rationale und sensitive Aneignung der Glaubenswahrheiten die contemplatio, d. h. das schweigende Gegenüber zu Gott, vor.

Die mentale Betrachtung und die applicatio sensuum (Geistestätigkeit und Sinnesvorstellung) führen im Exerzitienbüchlein des Ignatius zur Kontemplation.

Der letzte Schritt ist der Weg der Gnade. Auch im Zen wird die Erleuchtung als Geschenk empfunden. So wie im Zazen die eigene Anstrengung und das absichtslose Bereitsein zusammengehen, so ist auch der Punkt im Gebet, wo inhaltliche Betrachtung und Schweigemeditation ineinander übergehen, schwer auszumachen.

Die Zen-Meditation bietet eine mögliche Verhaltensanweisung für das schweigende Gegenüber zu Gott an. Damit ist satori, die Erleuchtung, nicht gleichgesetzt mit einer mystischen Begnadigung.

Ein mehr philosophisch-theologischer Hinweis auf den Christusbezug der Zen-Meditation liegt in folgenden Bildern:

Zen bedeutet, einen Brunnen in der eigenen Seele bohren zu den Grundwassern Gottes. – In diesem Sinn spricht Meister Eckehart vom „Seelengrund“.

Zen bedeutet, die Nabelschnur erreichen, die den einzelnen mit Gott verbindet.

Wenn also auf dem negativen Weg des Zen alles – auch der Christus unserer Vorstellung – beiseite gerückt wird, dann schafft dieses Bemühen nur ein Vakuum, das die Atmosphäre – d. h Christus an sich, Gott an sich – nur um so stärker anzieht, je intensiver das Vakuum ist.

Gott hat seine Schöpfung nie ganz aus sich entlassen. Die Wasser Gottes sind in uns, die Nabelschnur zu Gott, zu Christus besteht! Nichts anderes will das Wort des Thomas von Aquin besagen, die Seele erkennt nicht aus dem „was" (id quod est), sondern aus dem „wodurch" (id quo est). Nicht aus dem Seele-Sein, sondern aus dem, was die Seele begründet, erkennen wir.

Ähnlich sagt Ignatius: Es ist das Vorrecht des Schöpfers, in die Seele einzutreten, aus ihr auszutreten, sie zu bewegen, ohne daß sie es weiß oder einen Akt setzt.

Die Wasser Gottes in uns, die Nabelschnur zu Gott sind stärker als unser intellektuelles Unterscheiden und ethisches Bemühen.

Zazen will zu diesem Grund hinführen. Das erklärt auch die spontane Kommunikation im Zazen mit den anderen Übenden. Zen-Meditation ist kein Fluchtweg auf die goldene Insel der Zurückgezogenheit, sondern führt zur tieferen Kommunikation auf der letzten Realitätsebene.

Daß das id quo des Thomas von Aquin die transzendente Wirklichkeit meint, konnte nicht von allen anwesenden Theologen angenommen werden. Gott als bleibenden Grund der Schöpfung beschreiben Bonaventura und Augustinus in einem Bildwort: Gott, der Schöpfer, hat seine Welt geschaffen, ist aber nicht durch sie wie durch eine Tür hinausgegangen, sondern ist in ihr geblieben. Gegen den Einwand, das Ziel der ignatianischen Exerzitien sei die Entscheidung und nicht die Kontemplation, spricht die zeitliche Zuordnung innerhalb der vierwöchigen Exerzitien. Die Entscheidung steht in der zweiten Woche, die Kontemplation, das ist die Liebe, steht am Ziel der vierwöchigen Übungen, auf dem Höhepunkt der spirituellen Reife.

Der Kirchenlehrer Johannes vom Kreuz belehrt den Anfänger auf dem Gebetsweg, daß er alles verlassen müsse auf dem Weg zu Gott, zu einer Zeit, wo der Beter sich durchaus noch durch Bilder und Begriffe zu Gott wendet. Erst allmählich reinigt die dunkle Nacht des Nichts die Sinne, den Verstand und den Willen des Beters.

Bei allen christlichen Meistern hat die gegenständliche Meditation ihre große Bedeutung. Das bildlose Schweigen entwickelt sich mit der spirituellen Reife. Dabei steht in der christlichen Gebetslehre die Phase der Erleuchtung zwischen der Phase der Reinigung und dem Ziel des Gebets, der mystischen Vereinigung.

Alle christlichen Meister setzen klare Bedingungen für die übergegenständliche Versenkung. Gemeinsam nennen sie die psychische Unfähigkeit des Beters, sich weiterhin mit Hilfe von Vorstellungen in Gott zu sammeln.

Im Zazen wird diese Unfähigkeit methodisch provoziert und für jeden generalisiert, der sich auf den Weg begibt. Zen ist die raffinierte Methode einer radikalen Loslösung aus jeder Ich-Aktivität.

Im Grunde können die verschiedenen theologischen Positionen für und gegen Zen stehen bleiben. Die Entscheidung passiert wohl in der spirituellen Praxis. Deshalb sollen die theoretischen Probleme noch einmal in den Horizont des praktischen Glaubens gestellt werden.

3. Wie wirkt sich Zazen auf den christlichen Beter und Liturgen aus?

Christliche Spiritualität ist immer die Spiritualität einer bestimmten Lebensweise, einer Liturgie, einer Gebetsart gewesen. Meist haben die Orden über Jahrhunderte diese christlichen Wege gepflegt und ausgebaut und andere eingewiesen, den Weg zu gehen, den zuerst ein Meister des Gebetes wohl gegangen ist, z. B. Benedikt, Ignatius von Loyola, Teresa von Avila und andere.

Zazen ist ein Weg für all jene, die bereit sind, einen direkten Weg mit allen Anstrengungen konsequent zu gehen. Zazen ist die spirituelle Form, in der sich auch der Christ heute wiederfinden kann, wenn er seinen Glaubensinhalt einbringen kann.

Der Weg bestimmt auch die Art zu gehen. Herkömmlich ersteigt der Christ den Berggipfel in langen Serpentinen und schreitet dabei weit in die Landschaft seiner Lebensmöglichkeiten hinein. Die meisten sterben unterwegs zum Gipfel der Gotteserfahrung, und Gott wird sie vollenden.

Im Zazen dagegen wird mit geübten Klettergriffen und Verankerungen in der Wand der Gipfel direkt angegangen.

Das Ziel der bekannten christlichen Wege und das Ziel des Zazen können nur von jenen Menschen beschrieben werden, die bereits angekommen sind. Uns, die wir unterwegs sind, ist ein Ausblick auf das Ziel gegeben, wenn wir die höchsten Erfahrungszeugnisse der christlichen Mystiker mit denen der Meister im Zazen vergleichen. Bis in den Wortlaut hinein finden wir da Übereinstimmungen beim Autor der Wolke des Nichtwissens, bei Johannes vom Kreuz u. a., wie *sie* ihre Gotteserfahrung und den Weg dahin beschreiben und wie *Zen-Meister* ihr Satori beschreiben. Immer ist es wie ein Erwachen im göttlichen Bereich.

Der spirituelle Erfahrungsaustausch der Symposionsteilnehmer hat sich nicht so sehr an „Gipfelerfahrungen“ entzündet. Wichtig war die Orientierung unterwegs zum Gipfel, besonders bei den Klettertouren des Zazen, bei denen die Sicht auf den Gipfel sehr viel schneller entschwindet als auf dem allmählichen Anstieg von der Ebene her.

Wie erleben formierte Christen den steilen Aufstieg des Zazen, ohne die Orientierung an den christlichen Glaubensinhalten zu verlieren?

Dabei haben sich die Themenkreise abgezeichnet:

1. Erfahrungen im Glauben durch die Bewußtseinsvertiefung allgemein,

2. Tod und Auferstehung als Grunderfahrung des Christen,
3. ein Vergleich des Zen-Weges mit dem Weg des Karmel, des Benediktinerordens und des Jesuitenordens.

3.1 Erfahrungen im Glauben durch die Bewußtseinsvertiefung im Zazen

Der ideale Teilnehmer am Zazen ist der gut formierte Christ, der im Zazen den Zugang zu einem vertieften Christentum sucht und den mystischen Weg beschreiten will.

Je dürftiger die christliche Formation ist, desto wichtiger ist die Vorbereitung auf Zazen hin. Sie sollten gleichzeitig mit der Zazen-Übung auch die christlichen Glaubenshilfen in Anspruch nehmen. Nur kann innerhalb einer Zazen-Woche nicht parallel noch sehr viel anderes eingeübt werden. Die Glaubensunterweisung müßte nach der ersten intensiven Einführung in Zazen geschehen.

Bereits nach mehrtägigem Zazen stellt sich eine Art Tiefenbewußtsein ein, das sich ganz eindeutig abhebt von dem gewöhnlichen Oberflächenbewußtsein diskursiver Art.

Diese Umschaltung stellt sich ein bei ganz einfachen Menschen, bei Fachtheologen, bei abseitigen und engagierten Christen. Unabhängig von der Ausbildung der Intelligenz und unabhängig von der Glaubensentscheidung des Übenden weckt Zazen die intuitive Seite der Vernunft:

Atmen und Sehen gewinnen Frömmigkeit. Die Gesamtwahrnehmung ändert sich bis in den akustischen und optischen Bereich hinein.

Das Sein beginnt zu lächeln, und dieses Lächeln offenbart etwas von der Herrlichkeit der Schöpfung. Dieser Glanz kann völlig unerwartet und überraschend aus aller Dunkelheit und Trostlosigkeit aufsteigen. Dabei ist die Weise des „Überfallenwerdens“ typisch. Das plötzliche

Aufleuchten der Schöpfung wird auch im Zanmai, im Vorfeld der Erleuchtung, immer wieder genannt.

Dinge und Ereignisse, die vorher nur eine Sache des Kopfes gewesen sind, fallen unvermutet in ein ganzheitliches Erleben zusammen. Die Welt bleibt die gleiche, aber im Erlebenden erwacht die Fähigkeit, sie im Sinne größerer Schönheit und Fülle zu sehen. Es gleicht einem plötzlichen Aufwachen in einem neuen Horizont. Aber dieses innere Auge schließt sich immer wieder, so spontan es sich auch geöffnet hat. Das Geschehen bleibt dem eigenen Willen entzogen.

Ja, dieses Erleben erlischt, sobald es in die kontrollierende Helle des Bewußtseins gehoben wird.

Ob sich dieses Erleben während oder außerhalb der Zen-Meditation einstellt, es gilt immer die gleiche Anweisung: sich loslösen aus der Faszination! Sicher mißlingt jede Meditation, sobald sie insgeheim ein Haschen nach Glück und nach schönen Erlebnissen würde. In dieser Verfassung ist es unmöglich, sich in das totale Schweigen der Wünsche und Gedanken zu begeben.

Max Scheler hat in diesem Zusammenhang davor gewarnt, sich durch Reflexion in den Genuß der eigenen Gutheit oder Frömmigkeit zu versetzen. Das Schriftwort: „Deine Rechte soll nicht wissen, was die Linke tut“, ist im Grunde eine Meditationsanweisung im gleichen Sinn.

Die religiöse Erfahrung macht der Meditierende nicht neben anderen, sondern *in* anderen Erfahrungen, wenn ihm der Sinn für ihre transzendente Dimension aufgegangen ist.

Die religiöse Dimension ist eine Qualität jeder möglichen Erfahrung. Das Organ zu ihrer Wahrnehmung reift in der urteilsfreien Sammlung des Zazen. Die Erfahrung auf der intuitiven Ebene verbindet sich mit dem Glaubenswissen auf der rationalen Ebene. So wirken die Zazen-Meditation und die christliche Lehre in der Glaubenserfahrung zusammen.

Das „Stehen in der Gegenwart Gottes“ ist die Offenbarung aus dem Stehen-Können im jeweiligen Augenblick, auf dem jeweiligen Boden der Realität. Diese Glaubenserfahrung kann schon eingeleitet werden durch das körperliche Fühlen des Bodens unter den eigenen Füßen. „Boden unter den Füßen haben" meint eine vertrauende Haltung dem Leben gegenüber. Der Grund des Vertrauens ist die Ahnung um den absolut tragfähigen Grund.

Jede christliche Lebensunterweisung leitet zu irgendeinem Punkt schon immer an zur „Übung der Gegenwart Gottes". Dazu gab es meist keine andere praktische Anweisung als die, ständig „an Gott zu denken". Zumindest versteht der Anfänger diese Übung sehr leicht als Aufforderung zu zwei gleichzeitigen Aktionen: an die je notwendige Arbeit zu denken und mit derselben Aufmerksamkeit „auch noch" an Gott zu denken. Ein solcher Versuch scheitert schlicht durch die Überanstrengung des Verstandes.

Im Zazen differenziert sich eine Bewußtheit aus, die nicht im Gegensatz zur aktiven Denkleistung steht, sondern vielmehr die tiefere Basis des Denkens aktiviert. An *dieser* Basis aber erwacht das Ahnen für die umfassende Gegenwart Gottes. Dann erst sind verstandesmäßige Arbeitsleistung und die spirituelle Ein-Übung in die Gegenwart Gottes keine konkurrierenden Unternehmen mehr in der Psyche, sondern eine selbstverständliche Weise, einfach gegenwärtig zu sein.

Obwohl der Zen-Meister in Japan oder der Kursleiter hier in Deutschland während der Schweigeübungen keinerlei theologische Unterweisung geben, werden erfahrungsgemäß nach dem Zazen Liturgie und Schriftlesung, Sakramentenpraxis personal neu vollzogen.

Ein Priester war zum erstenmal nach einer Zazen-Woche bei jedem Wort der Eucharistiefeier ganz dabei. Einbezogen in das liturgische Geschehen, ging der persönliche Sinn der Wandlungsworte: „Das ist mein Leib", bedeutsam auf. In der meditativen Grundhaltung des Liturgen wird der Raum und die Zeit für Stille während der

Feier spontan gefunden, ohne krampfhaften Einbau sogenannter „Meditationspausen“.

Im Tiefenbewußtsein stellt sich die Frage nach dem christlichen Glauben nicht mehr in der Frage, was muß ich tun oder für „wahr“ halten, sondern, wie muß ich mich einstellen für die Offenbarung Jesu Christi an mir.

Im Zazen realisiert sich diese Einstellung als Bereitschaft für die eigene Menschwerdung, als Mut zur eigenen Selbstwerdung. Leibwerdung ist im Zazen und in der Persönlichkeitsentfaltung der erste konkrete Schritt. Persönliche Menschwerdung ist theologisch und erlebnishaft der Weg der Gottesoffenbarung in jedem einzelnen. Zazen disponiert den Glaubenden auf die Offenbarung Gottes ohne jedes verstellende Vorurteil.

In einem Meditationskurs für Jugendliche ging der Leiterin im Anblick der inneren Not eines Straßenmädchens, das am Kurs teilnahm, das Geheimnis der Liebe Gottes zu diesem Mädchen auf. Sie konnte nicht anders, als diese Liebe Gottes durch die eigene Zuwendung hindurch zu diesem Mädchen strömen zu lassen. Die Leiterin war gewohnt, ihre Zen-Kurse mit einer Anbetungsstunde vor dem Tabernakel still für sich zu beenden.

Eine Ordensfrau berichtet, wie sie 17 Jahre lang den Weg des Geistes gegangen sei, den Theologen vorgebaut hatten. Sie hat sich dabei sicher und gut gefühlt. Seit sie Zazen übt, hat sich alles verändert: „Jetzt muß ich die Materie anfassen und erweitern und so weit es mir möglich ist, in die Transparenz bringen.“

Die Aufnahmebereitschaft für den jeweiligen Anruf Gottes wird so habituell, daß alles geeignet ist, diesen Anruf in das Bewußtsein zu bringen. Worte oder Gedanken oder Sinneseindrücke verhallen nicht an der Reizoberfläche, sondern fallen ein in die tiefen Schichten des Selbst.

Das Gespür für echt Menschliches wächst bis zum Zornausbruch als spontane Reaktion auf verletztes Menschsein.

Es entsteht eine spontane Sympathie zu allem Lebendigen, ohne die Not der Ausschließlichkeit oder Bevorzugung. Hinter dieser natürlichen Sympathie kann im Glaubenswissen die Ahnung für die Zuwendung Gottes zu allem Lebendigen aufleuchten.

Die Zuwendung geschieht spontan. Hier gilt die Weisung: Nicht kontrollieren, was getan wird, sondern einfach vollziehen.

Intensive Erfahrungen bedürfen immer der Deutung. Das Wort muß oft von außen her die Erfahrung erst treffen, bevor sie sich auswirken kann.

Durch die Übung des Zazen hat sich ein Christ zum erstenmal auf die Wortoffenbarung des Christentums existentiell angewiesen gefühlt und dankbar die Deutung seiner Erfahrungen empfangen aus der Heiligen Schrift und aus dem Glaubenswissen der Kirche. Seine Lebenshoffnung hat sich ausrichten können auf eine Verheißung, die sich in Worten ausspricht.

3.2 Tod und Auferstehung als Grunderfahrung des Christen

Besonders bedeutsame Worte, die zentral in der christlichen Verkündigung stehen, wie Tod und Auferstehung, müssen eine Lebenserfahrung ansprechen, wenn ihre Verkündigung tatsächlich in sich schon eine erlösende Praxis sein soll. Jeder kann im Zazen diese Lebenserfahrung machen.

Im Zazen geht der Übende systematisch den Weg der *Loslösung* aus dem, was gewöhnlich das Leben garantiert: was Sinne behalten können, der Verstand greifen kann, der Wille zu erreichen vermag.

Nicht beziehungslos nennen einige die objektlose Versenkung Einübung ins *Sterben.* Im Zen wird nämlich sehr deutlich die Doppelsinnigkeit von dem Wort „Verlassen“.

Aus dem *Verlassen* gewinnt der Zen-Übende Vertrauen. Der *Todesmut* weckt die Lebenskraft.

Im Zazen ist das Sterben geradezu methodisiert, weil es

darum geht, jede Stütze preiszugeben. Zen ist der radikale Sprung ins Nichts. Und die Zen-*Erleuchtung* kommt wie durch den Tod hindurch. Manchmal wird die Gewißheit des Todes zum Tor für die Erleuchtung.

Innerhalb von 24 Stunden wird eine Engländerin, Mutter von vier Kindern, mit der Nachricht fertig, daß ihre Lebenserwartung nur noch sechs Wochen betragen würde. Nach diesen 24 Stunden erlebt sie eine unerhörte Intensität, da zu sein. Jede Sekunde war erfüllt von großer *Dankbarkeit.* Das *Licht,* jeder Stein, die Schwelle einer Tür, brachten sie zum *Staunen.*

Oder ein anderes Beispiel:

Ein mehrfacher Mörder wartet in einem japanischen Gefängnis zwei Jahre lang auf sein sicheres Todesurteil. In dieser Zeit begleitet ihn P. Lassalle, ohne ihn in Zazen einzuführen. – Unmittelbar vor der Hinrichtung verneigt sich dieser Todgeweihte *gelassen und fröhlich* vor seinem Henker. Zuvor berichtet er in einem Abschiedsbrief voller Dankbarkeit von der *Helle* seines Lebens und seines nahen Todes.

Immer ereignet sich die Bewußtseinserweiterung in der Grenzsituation des Todes aus dem Zulassen der Lebensbedrohung. Das bezeugt auch die Autobiographie von Jacques Lusseyrand[1], der mit acht Jahren blind geworden war, später Professor in Amerika. Er hat analoge Erfahrungen gemacht, wie sie Zen-Meister in der Erleuchtung beschreiben. Die Titel seiner Bücher weisen schon darauf hin: „Blindheit ein Sehen der Welt“, „Das wiedergefundene Licht“, „Die Verschmutzung des Ich“.

Im Zen kann einer bewußt den Weg des Todes gehen, wenn er im Leben ungeschoren davongekommen ist. Aber bisweilen kürzt Gott diesen weiten Weg ab durch eine brutale Beraubung. Sie geschieht immer wieder in den unterschiedlichsten Lebenssituationen – einige sind genannt

[1] Das wiedergefundene Licht, Hamburg 1972.

worden. Die radikalste ist wohl die Gefährdung im Tod. Es sind Sternstunden, die uns schneller voranbringen in das Licht der Auferstehung schon zu „Lebzeiten“ als die ruhige Laufbahn ohne solche Katastrophen.

Wenn in den persönlichen Berichten vom Leid weniger gesprochen wurde, ist das ein Zeichen der Scheu. Jede tiefe Erfahrung – das ist ganz klar – hat ihren Todespreis.

Zazen als christliche Spiritualität wird von dem erkannt, der Tod und Auferstehung Jesu als die Kehrseiten derselben Medaille erfaßt hat. Dieses Drama wird im Neuen Testament wiederholt thematisiert.

Der lukanische Verklärungstext bringt gegenüber Matthäus und Markus am deutlichsten die Zusammengehörigkeit von Tabor und Gethsemane. Der lukanische Begriff „Exodus“ meint nicht nur das Sterben, sondern zugleich die Auferstehung. Hier wird ein ganz weiter Weg gespannt: Bevor die eigentliche Kostbarkeit in der Erfahrung aufleuchtet, muß auch der Todeshorizont erreicht sein.

Was Zazen eigentlich meint, beschreiben auch die Psalmworte: „Mein Wesen ist vor dir wie ein nichts.“ Ad nihilum redactus sum et ego semper tecum. Auf den Nullpunkt reduziert, wächst das Leben in seine Gültigkeit.

Das Thema Tod und Auferstehung im Zusammenhang mit Zazen erweist Zen im Sinne einer Ursprungsreligion und Christentum im Sinne einer Offenbarungsreligion.

Der Weg des Zen erscheint als der normale Weg des Nichtchristen. Er regeneriert sich im Loslassen seiner selbst an der Oberfläche der Bewußtheit und vertraut sich seinen tiefen Schichten an.

Im Christentum ist ein Entgegenkommen Gottes im Kreuz geoffenbart. In der Gnade des Glaubens kommt dieser Gott jedem Menschen in seiner jeweiligen Situation direkt entgegen. Zwar wird auch der Christ erst voll gottfähig in dem Maß, wie er mit sich selbst integriert lebt. Aber Gott wartet nicht erst an diesem Integrationspunkt, sondern an jedem Punkt menschlicher Verkehrtheit. Das ist die Souveränität des erlösenden Gottes in Christus. Sie drückt sich aus in der Nikodemus-Formel: Wiedergeboren aus Wasser (gleich dem Hinabsteigen in die eigenen Tiefendimensionen) und Geist (in Jesus Christus).

Zazen ist sicher eine mögliche Weise der Wiedergeburt aus dem Wasser.

3.3 Ein Vergleich des Zen-Weges mit christlichen Wegen

Christliche Wege sind immer Gebetswege und inspiriert von bestimmten Glaubensinhalten, an denen sich bestimmte Gebetsnormen entwickeln. Jeder Orden vertraut sich einem solchen Weg an.

Wenn Zazen den Grundakt des Christen in Tod und Auferstehung einübt, dann ist zu erwarten, daß auch bestimmte Frömmigkeitsformen mit Zazen zusammengehen können.

Die großen christlichen Mystiker haben ja auch in der Hochform ihrer spirituellen Reife an der Liturgie und anderen geistlichen Übungen teilgenommen.

Als höchste Qualifikation für Benedikt nannte Gregor der Große: habitavit secum, er wohnte bei sich.

Eben diese Fähigkeit wächst auch in der Sammlung des Zazen. In einem holländischen Benediktinerkonvent bewährt sich seit Jahren ein Experiment. Zazen wurde in die Tagesordnung aufgenommen. Die feierliche Liturgie, das Chorgebet, die Arbeit lassen einen inneren Raum für Zazen. Diese Übung darf ja keine Addition zu andern werden, sonst wäre sie eine Überlastung. Zazen bildet vielmehr die innere Verfassung aus, aus der alle anderen Übungen besser vollzogen werden können. Aus den bisherigen Erfahrungen dieses Konvents ist ein neues Gemeinschaftserleben, der Geist tiefer Innerlichkeit aus der Übung des Zazen gewachsen.

Der Karmelorden scheint insgesamt noch etwas zaghaft zu sein in der Übernahme des Zazen. Es verwunderte allerdings einen Karmelitenkonvent, daß ein Jesuit innerhalb eines Zen-Kurses im Grunde die Spiritualität Johannes' vom Kreuz verinnerlichte. Im strengen Zazen ist nur methodisiert, was Johannes vom Kreuz als Lebensanweisung gibt in seinem „Aufstieg zum Berge Karmel“: Willst du alles gewinnen, versuche nichts zu gewinnen. Willst du alles sein, gehe dahin, wo du nichts bist ...

Die karmelitische Lebensform ist konsequent auf dieses „Nichts“ abgestimmt. Evidente geistige Erfahrungen können für die Physis leicht eine Überforderung sein und das gesunde Gleichgewicht zwischen Körper und Geist stören. Das Zazen dagegen stabilisiert gleichzeitig die physische *und* psychische Belastungsfähigkeit.

In seinem Gebetsweg lehrt Johannes vom Kreuz: Im Gebet muß der Augenblick kommen, wo wir auf Verstand, Gedächtnis und Willen vollkommen verzichten und alle diese Stützen preisgeben müssen. Sonst bleibt das Gebet ein Gehen mit Krücken. Die gleiche Anweisung gilt für Zazen.

Ignatius von Loyola beschreibt in seiner sogenannten zweiten Gebetsweise ein Verhalten, das eine Vorstufe zum Zazen sein könnte. Ignatius gibt den Rat, der Beter solle bei jedem Wort irgendeines vorformulierten Gebets solange verweilen, wie das Wort den Beter noch anspricht. Ohne Sorge, ob das Gebet vollendet wird oder nicht, soll Wort für Wort in die Tiefe des Herzens einfallen und sich dort auswirken. Der bekannte Ausspruch des Ignatius: „age quod ages“ weist in die gleiche Richtung: sei ganz du selber in deinem Tun.

Ignatius selbst sieht das Ziel allen Betens im schweigenden Gegenüber zu Gott. Er hat bis zu 100 Briefe am Tag geschrieben oder entschieden, ohne diese Gebetsweise zu verlassen. Auch Zazen wirkt sich erst außerhalb der Übungszeit, nämlich im Alltag, in der Kraft zum Gegenwärtigsein aus.

Der charakteristische Unterschied zwischen der christlichen Mystik in ihrer reifen Stufe wie sie Johannes vom Kreuz oder Ignatius von Loyola erleben durften, ist folgender: Im Christentum ist das schweigende Gebet in der letzten Reife eine außerordentliche Gnade, die einem nach langer und intensiver Vorbereitung zuteil werden kann.

Im Zazen wird diese Stufe direkt angegangen.

Daraus entsteht die entscheidende Frage:

Stellt Zazen den Anspruch, eine mystische Gebetsform zu sein, oder ist Zazen ein Übungsweg dahin, den jeder gehen kann, der dazu entschlossen ist?

Die Mystiker waren im Christentum immer einzelne hervorragende Meister. Ist an ihnen modellhaft gezeigt, was für alle möglich ist?

Meditationshäuser, die ZEN-Meditation und kontemplative Meditation anbieten

Meditationshaus St. Franziskus
Klostergasse 8
D-8435 Dietfurt/Altmühltal

Meditationszentrum – Haus Benedikt
Pater Willigis Jäger O.S.B. (Zen-Lehrer)
St.-Benedikt-Str. 3
D-8700 Würzburg

Pater Johannes Kopp S.A.C. (Zen-Lehrer)
Bistum Essen
Dezernat für pastorale Dienste, Abt. VII
Burgplatz 3
D-4300 Essen 1

Pastorin Gundula Meyer (Zen-Lehrerin)
Am Dorfanger 2
D-3176 Meinersen-Ohof

Schwester Ludwigis Fabian O.S.B. (Zen-Lehrerin)
Domicilium
Stätte der Begegnung und der Stille
Holzkirchner Str. 3
D-8153 Weyarn

Neumühle
Ökumenisches Zentrum für Meditation und Begegnung
D-6642 Mettlach-Tünsdorf/Saar

Christliche Meditationsstätte
Sonnenhaus Beuron
D-7792 Beuron/Donautal

Pater O. Beda Müller O.S.B.
Benediktinerabtei
D-7086 Neresheim

Christliches Zen-Zentrum Eintürnen
Detlef Witt
D-7954 Bad-Wurzach 1

Loccumer Arbeitskreis für Meditation
Pastor Heinz Behnken
Evangelische Akademie Loccum
D-3056 Rehburg-Loccum

Exerzitien- und Bildungshaus der Pallottinerinnen
Kloster Marienborn
Weilburger Str. 5
D-6250 Limburg/Lahn

Benediktiner Abtei Maria Laach
D-5471 Maria Laach

Existentialpsychologische Begegnungs- und Bildungsstätte Rütte
Prof. Dr. Karlfried Graf Dürckheim
Graf-Dürckheim-Weg 12a
D-7865 Todtmoos-Rütte

Dr. Anton und Marie-Luise Stangl
Am Eichenhain
D-6121 Rothenberg/Odenwald

Benediktiner Missionare
Benediktstr. 19
D-2845 Damme

Evangelische Akademie Hofgeismar
Schlößchen Schönburg
D-3520 Hofgeismar

Haus am Mauritz-Lindenweg
Zentrum für geistige und tiefenpsychologische Beratung
und Begleitung
und Schule für Initiatisches Leben
Mauritz-Lindenweg 61a
D-4400 Münster

Karl Obermeyer
Pfarre St. Josef
Ramperstorffergasse 65
A-1050 Wien

Haus der Stille
Kloster Rosental, St. Ulrich a.W.
A-8081 Heiligenkreuz a. Waasen

Bildungshaus Bad Schönbrunn
CH-6311 Edlibach ZG/Schweiz

„De Tiltenberg"
International Grailcentre
Zilkerduinweg 375
NL-2114 Am Vogelenzang

Kapuzinerinnen
Herrenweg 2
CH-4500 Solothurn

Hugo M. Enomiya-Lassalle

ZEN – Weg zur Erleuchtung

Einführung und Anleitung

Band 1368, 128 Seiten

Einer der bedeutendsten Vermittler zwischen christlichem Glauben und fernöstlicher Spiritualität ist der Jesuitenpater Hugo M. Enomiya-Lassalle, der ein halbes Leben in Japan verbracht hat und als offiziell anerkannter ZEN-Meister in Kamakura Unterricht erteilt. Sein Buch „ZEN – Weg zur Erleuchtung“ ist eine intensive, knappe Einführung in die Praxis der ZEN-Meditation mit ihrem buddhistisch-religiösen Hintergrund.

Bayerischer Rundfunk

Der Autor erweist sich gerade in diesem Buch als Seelenführer und Wegbegleiter. Wie die Mystiker in vergangenen Zeiten hat er Mittel und Wege zum Menschsein erprobt, versteht er, Echtes und Unechtes im geistlichen Leben zu trennen und findet schließlich im Brückenschlag zwischen Ost und West eine neue Spiritualität, die dem heutigen Menschen in seiner Orientierungslosigkeit Halt geben kann.

Pforzheimer Zeitung

Hugo M. Enomiya-Lassalle

Am Morgen einer besseren Welt

Der Mensch im Durchbruch
zu einem neuen Bewußtsein

Band 1164, 160 Seiten

Krisenzeichen erreichen uns Tag für Tag. Sie führen oft zu Zukunftsangst und panischen Reaktionen, weil man sie nicht einordnen kann. Wir haben die Orientierung verloren, weil sich die Welt um uns herum schneller verändert als je zuvor. Wir wissen nicht mehr, wohin es geht. Haben wir überhaupt noch eine Zukunft? Können wir uns diese Zukunft vorstellen?
Der Autor ist davon überzeugt, daß wir durch eine Bewußtseinsmutation auf dem Wege zu einem neuen Menschen sind. Im Detail schildert er, wie unser Bewußtsein sich vom archaischen über das magische, mythische und mentale Bewußtsein zum integralen Bewußtsein entwickelt, das in seiner Struktur a-perspektivisch und vierdimensional ist. Bestechend, wie der Autor diesen schwierigen Gedankengang anschaulich darzustellen und dem Leser überzeugend zu vermitteln vermag.

Südwest Presse, Ulm